事業者必携　最新

知っておきたい！
法務リスクとトラブル予防の法律知識

弁護士
木島 康雄［監修］

三修社

本書に関するお問い合わせについて

　本書の記述の正誤に関するお問い合わせにつきましては、お手数ですが、小社あてに郵便・ファックス・メールでお願いします。大変恐縮ですが、お電話でのお問い合わせはお受けしておりません。内容によっては、お問い合わせをお受けしてから回答をご送付するまでに１週間から２週間程度を要する場合があります。

　なお、記述の正誤以外のご質問、本書でとりあげていない事項についてのご質問、個別の案件についてのご相談、監修者紹介の可否については回答をさせていただくことができません。あらかじめご了承ください。

はじめに

　企業のコンプライアンス（法令順守）の必要性が叫ばれて久しいにもかかわらず、新聞やニュースなどでは、日々企業の不祥事を取り上げています。企業のずさんな経営体制が、消費者の健康に影響を及ぼす場合もあります。また、過酷な労働環境の中で、ハラスメント被害に遭う労働者も少なくありません。これらを解決するため、企業にとって法的な知識は、必要不可欠なものになっています。

　企業活動をしていく上では、プラスの側面ばかりを見るわけにはいきません。企業にとっては、あらゆるものが好ましくない事件になり得る可能性を秘めているといっても言い過ぎではないでしょう。

　企業にとって不祥事は大きなデメリットをもたらします。不祥事が起こると、売上げの減少や株価の低下によって計り知れない損失を受ける可能性が生じます。永年営々と築いてきた企業ブランドも崩れるときは一瞬で、完全に消費者の信頼を回復するまでには相当の期間を要することもあります。行政や司法によるペナルティを受ける場合も考えられます。リーガル・リスクの観点から起こりうる法律問題を整理しておくことは、意味のあることだといえるでしょう。

　企業不祥事に発展する法律問題は、新聞やニュースなどで大々的に報じられることもあり、リスクを放置しておくことは大変危険なことです。本書では、残業代不払い、ハラスメント、解雇、秘密保持契約などの労務関連の問題、個人情報や企業の営業秘密の漏えいなどの情報管理の問題、製造物責任法、独占禁止法、下請法、景品表示法、金融商品取引法、不正競争防止法などの法令違反の問題、知的財産権侵害の問題など、企業活動で生じるさまざまな法律問題と対策を幅広く取り上げて解説しています。この他、カスタマーハラスメント、年収の壁問題、内部告発など、法改正や近時問題になっているテーマについても取り上げ、解説しています。なお、改正刑法に基づき、令和7年6月1日から、懲役と禁錮は拘禁刑に一本化されます。そのため、本書では、懲役と禁錮について、いずれも拘禁刑に変更しています。

　本書をご活用いただくことにより、企業の法務に関わる皆様の企業のリスクマネジメントに役立てていただければ幸いです。

監修者　　弁護士　木島　康雄

Contents

はじめに

第1章　法令違反リスクと対策

1　法令違反にはどのようなものがあるのか　　　　　　　　　10

2　労働基準法違反の罰則について知っておこう　　　　　　　13

3　労働安全衛生法に違反するとどうなるのか　　　　　　　　16

4　企業不祥事についての認識をもとう　　　　　　　　　　　18

Column　労働基準監督署の調査に備える　　　　　　　　　24

第2章　労務管理のリスクと対策

1　三六協定について知っておこう　　　　　　　　　　　　　26

2　年収の壁問題について知っておこう　　　　　　　　　　　33

3　年金事務所が行う社会保険の定時決定調査について知っておこう　37

4　社会保険料逃れにならないようにするための手続きについて知っておこう　41

　　Q&A　労災には加入しているが社会保険に加入していないという場合
　　　　　はどうなるのでしょうか。　　　　　　　　　　　　43

　　Q&A　事業所調査により加入が必要な手続きに未加入であることが発
　　　　　覚した場合に年金事務所にはどんな書類を提出する必要がある
　　　　　のでしょうか。　　　　　　　　　　　　　　　　　44

5　未払い残業代がある場合には注意する　　　　　　　　　　47

6　裁判になった場合の対応について知っておこう　　　　　　50

7	ストレスチェックについて知っておこう	53
8	セクハラについて知っておこう	58
9	マタニティハラスメントについて知っておこう	65
10	パワーハラスメントについて知っておこう	68
11	パワハラ対策としてどんなことをすればよいのか	72

Q&A カスタマーハラスメントとはどのような行為なのでしょうか。カスタマーハラスメントにあたるかどうかの判断基準について教えてください。 75

12	過労死・過労自殺と労災について知っておこう	77
13	過労死の認定基準について知っておこう	79
14	問題社員の解雇について知っておこう	83
15	従業員等との間で秘密保持契約を締結する場合	87

Q&A 中途採用者から、その人が以前働いていた会社等の情報を取得する際に、どのような点に気をつければよいのでしょうか。 89

Q&A 秘密を保持するために、自社の秘密情報等に触れる可能性のある対象者を限定するには、具体的にどのような方法があるのでしょうか。 90

16	競業避止契約とはどんな契約なのか	91

Q&A 取締役との間で秘密保持契約を締結しようとする場合、一般の従業員とどのような違いがあるのでしょうか。 93

17	従業員との秘密保持契約の結び方	94

書式 競業禁止及び守秘義務に関する誓約書 98

第3章　個人情報保護法と顧客情報の管理

1　個人情報保護法の全体像をおさえておこう　　100

2　個人情報を利用するときにはどんなことに注意するのか　　107

3　要配慮個人情報について知っておこう　　112

4　匿名加工情報について知っておこう　　117

5　仮名加工情報について知っておこう　　122

6　安全管理措置について知っておこう　　124

7　第三者提供の規制について知っておこう　　131

8　個人情報保護のためのさまざまな対応　　134

9　保有個人データの開示・訂正等・利用停止等の請求について知っておこう　137
　　書式　開示請求に対する回答書　　141

10　窓口対応のポイントについて知っておこう　　142

第4章　クレーム・リコールのリスクと対策

1　顧客クレームへの対応について知っておこう　　148

2　クレーム処理にあたって必要なことは何か　　154

3　リコールはどんな場合に行われるのか　　159

4　社内体制の整備と消費者への情報提供の仕方　　163

5　製造物責任法について知っておこう　　168

Column　クレームから身を守る賠償保険　　170

第5章　その他の会社をめぐる法務リスクと対策

1　大企業が注意しなければならないルールについて知っておこう	172
2　独占禁止法とはどんな法律なのか	176
3　独占禁止法は何を規制するのか	178
4　独占禁止法に違反するとどうなるのか	182
5　下請法とはどんな法律なのか	188
6　下請法の規制対象となる取引や事業者とは	190
7　親事業者の義務について知っておこう	192
8　親事業者の禁止行為について知っておこう	194
9　下請法違反について知っておこう	196
10　景品表示法の全体像をおさえておこう	197
11　景品規制について知っておこう	199
12　不当表示について知っておこう	203
13　優良誤認表示にあたる場合とは	207
14　不実証広告規制とは	209
15　有利誤認表示にあたる場合とは	211
16　指定表示に該当する場合とは	213
17　措置命令について知っておこう	215
18　金融商品取引法について知っておこう	219
19　金融商品取引法に違反するとどうなるのか	221
20　内部告発をめぐる問題について知っておこう	225

21 取締役に課せられる罰則について知っておこう　229

22 株主や役員からの不正追及の手段もある　231

Column　下請法改正が検討されている　234

第6章　営業秘密・知的財産権侵害へのリスクと対策

1 職務発明について知っておこう　236

2 不正競争防止法について知っておこう　240

3 不正競争防止法で保護される営業秘密について知っておこう　243

Q&A ある情報について秘密管理性を満たしていると認められる場合とはどのような場合をいうのでしょうか。　246

Q&A 不正競争防止法上の営業秘密と認められるための「有用性」とは、客観的にどのような情報のことを指すのでしょうか。　248

Q&A ある情報について非公知性があると認められる場合とは具体的にどのような場合をいうのでしょうか。　250

Q&A 営業秘密を漏えいした場合に刑事責任が問われることもあるのでしょうか。退職者も対象に含まれるのでしょうか。　252

4 権利侵害と法的手段について知っておこう　253

第1章

法令違反リスクと対策

1 法令違反にはどのようなものがあるのか

企業間の法令違反や企業と個人との間の法令違反などがある

■■ 主な法令違反を知る

　企業は経済活動を目的とした存在であり、他の企業（法人）や個人（自然人）を相手に経済活動をするにあたっては、一定のルール（法令）があります。このルールを破ることが法令違反となります。

　たとえば、企業間の法令違反の例として、独占禁止法違反、不正競争防止法違反、下請法違反があります。また、著作権法違反は、個人との間でも問題となりますが、企業間でより大きな問題となります。

　一方、企業と個人との間の法令違反の例として、製造物責任法に基づく企業の個人に対する責任があります。これは消費者との間の法令違反です。また、労働基準法違反、労働安全衛生法違反、労働者派遣法違反などもあり、これらは労働者との間の法令違反です。その他、金融商品取引法違反などは、投資家との間の法令違反になります。

■■ 労働法をめぐる法令違反

　労働基準法は、使用者（企業）に対して従属的な立場にある労働者を保護するため、労働条件の最低基準を定めた法律です。「残業代不払い問題」は、日常生活でもよく聞く労働基準法違反の例です。本来は残業代の支払対象の労働者であるのに、支払対象とならない管理監督者（いわゆる名ばかり管理職）として取り扱い、残業代を支払わないことも労働基準法違反です。管理監督者にあたるかどうかは、職務内容、責任と権限、勤務態様、待遇などで実態的に判断されます。

　労働安全衛生法は、職場における労働者の安全と健康を確保することを目的とした法律です。事業者（企業）が取るべき措置などが定め

10

られています。過労死は労働安全衛生法違反が問われる例です。ここでは、事業者の労働時間管理や健康管理が問題になります。

　労災（労働災害）隠しも労働安全衛生法違反の例です。労災とは、労働者が業務中や通勤中に被る災害のことです。労災隠しとは、労災が発生したのに事業者が労働基準監督署に報告書を提出しないことです。たとえば、建設現場で労災が起こった場合、被害者が下請企業の従業員であっても、弱い立場の下請企業は、元請企業への配慮から労災隠しをすることが多々あります。

　労働者派遣法は、派遣労働者の保護と雇用の安定その他福祉の増進を目的とした法律です。偽装請負は労働者派遣法違反の一つです。発注者との間に形式的には「請負」という契約を締結しながら、その履行のために労働者を発注者に派遣し、発注者と労働者の間に直接指揮命令関係が生じ、実質的には労働者派遣になっている場合です。これは無許可の労働者派遣事業にあたります。また、二重派遣（派遣先企業が派遣元企業の労働者をさらに別の企業に派遣すること）も労働者派遣法違反となり、これは職業安定法にも違反します。

■■ 知的財産権をめぐる法令違反

　違法アップロードは著作権法違反の一つです。また、無断転載も許

■ 主な法令違反 ……………………………………………………………

企業間の法令違反	独占禁止法違反	企業 ⟷ 企業
	不正競争防止法違反	
	下請法違反	
	著作権法違反	
企業と個人との間の法令違反	製造物責任法違反	企業 ⟷ 消費者
	労働基準法違反　労働安全衛生法違反 労働者派遣法違反	企業 ⟷ 労働者
	金融商品取引法違反	企業 ⟷ 投資家

第1章 ◆ 法令違反リスクと対策　11

されません。公表された著作物は、引用の要件を満たさなければ利用できません。メーカーの許可なくソフトウェアをコピーすること（不正コピー）も著作権法違反の一つです。通常１枚のソフトウェアを購入した場合、１台のコンピュータで使用することのみ許可していますので、複数のコンピュータにインストールするのは不正コピーになります。不正の意識がなく行われることが多いので注意が必要です。

■■ その他こんな法令違反もある

不正競争防止法は、不正競争行為を列挙し、それに対する差止請求権や損害賠償請求権などの措置を講じ、不正競争を防止しようとしています。産業スパイによる営業秘密の取得行為は、不正競争防止法違反の典型例です。詐欺的な方法を使用したり、不正に情報システムにアクセスして、営業秘密を取得するような行為がそれにあたります。内部者による営業情報の漏えいも不正競争防止法違反です。営業情報に通じている内部者が、任務に背いたり、横領などにより、外部の第三者に営業秘密を売却するような行為がそれにあたります。

また、製造物の欠陥によって人の生命、身体または財産に被害が生じることもあります。このような場合の製造業者の責任について規定している法律が製造物責任法です。

事業活動の公正かつ自由な競争が有効に機能する条件を確保し、それを通じて、望ましい経済的成果を確保することを目的とした法律が独占禁止法です。企業間で協定を結び、競争を避け、価格を引き上げ、維持し、あるいは生産量の制限を行ったりするカルテルは独占禁止法違反の典型例です。

親事業者と下請事業者の関係は下請法が規制しており、不当な下請代金減額といった行為が規制されます。この他、有価証券報告書などに虚偽記載をする粉飾決算は、金融商品取引法違反になります。

2 労働基準法違反の罰則について知っておこう

罰金や拘禁刑の対象になる

■■ 労働基準法違反に対しては拘禁刑の罰則もある

　労働基準法は労働条件の最低基準を定めている法律です。そのため、使用者が労働基準法で定められている労働時間のルールに違反して労働者を働かせると、その行為者および事業主に対して罰則が科せられます（15ページ）。

　労働基準法で最も重い罰則が科されるのは、暴行、脅迫、監禁その他精神または身体の自由を不当に拘束する手段によって、労働者の意思に反して労働を強制する場合です（労働基準法5条、強制労働の禁止）。強制労働の禁止に違反した場合には、1年以上10年以下の拘禁刑または20万円以上300万円以下の罰金が科されます（労働基準法で最も重い罰則です）。時間外労働については、たとえば、労使間で時間外労働について定めた労使協定がないにもかかわらず、法定労働時間を超えて労働させた場合には、6か月以下の拘禁刑または30万円以下の罰金が科されます。また、変形労働時間についての労使協定の届出をしなかった場合には、30万円以下の罰金が科されます。

■■ 違反行為をした行為者だけでなく会社も罰せられる

　たとえば、時間外労働を命じる権限を持つ部長が労働基準法に違反する残業を部下に命じて行わせた場合、その部長は行為者として労働基準法で定める罰則が科されます。これを行為者罰といいます。罰則は行為者自身にのみ科すのが原則です。

　しかし、労働基準法では、行為者だけでなく会社などの事業主にも罰金刑を科すことを規定しています（生身の人間ではない会社に拘禁

第1章 ◆ 法令違反リスクと対策　13

刑を科すことはできません）。具体的には、「この法律の違反行為をした者が、当該事業の労働者に関する事項について、事業主のために行為した代理人、使用人その他の従業者である場合においては、事業主に対しても各本条の罰金刑を科する」（労働基準法121条1項本文）と規定しています。このように違反行為をした行為者と事業主の両方に罰則を科すとする規定を両罰規定といいます。

ただし、違反の防止に必要な措置をした事業主には罰金刑が科されません。これに対し、事業主が違反の事実を知り、その防止に必要な措置を講じなかった場合や、違反行為を知り、その是正に必要な措置を講じなかった場合または違反を教唆した（そそのかした）場合には、事業主も行為者として罰せられます。

▓▓▓ 付加金の支払いを命じられることもある

付加金とは、労働基準法で定める賃金や手当を支払わない使用者に対して、裁判所がそれらの賃金や手当とは別に支払いを命じる金銭です。裁判所は、解雇予告手当、休業手当、割増賃金、年次有給休暇手当を支払わなかった使用者に対し、労働者の請求により、未払金の他、これと同額の付加金の支払いを命じることができます。付加金の金額は未払金と同額であるため、平たく言えば、未払金の倍額を支払わなければならないことになります。

使用者の付加金支払義務が「いつ発生するのか」については、さまざまな考え方がありますが、付加金は、裁判所が支払いを命じることで初めて支払義務が発生するとの考え方が有力です。そのため、法定の支払期限に所定の金額が全額支払われなくても、裁判所が支払いを命じる前に全額が支払われれば、労働者は付加金請求の申立てができず、裁判所も付加金の支払いを命じることはできません。また、付加金の請求権は、違反のあった時から5年（経過措置として当面3年）で時効により消滅します。

■ 主な労働基準法の罰則 …………………………………………………

1年以上10年以下の拘禁刑または20万円以上300万円以下の罰金	
強制労働をさせた場合(5条違反)	労働者の意思に反する強制的な労働

1年以下の拘禁刑または50万円以下の罰金	
中間搾取をした場合(6条違反)	いわゆる賃金ピンハネ
児童を使用した場合(56条違反)	児童とは中学生までをいう

6か月以下の拘禁刑または30万円以下の罰金	
均等待遇をしない場合(3条違反)	国籍・信条・社会的身分を理由に差別
賃金で男女差別をした場合(4条違反)	性別を理由に賃金を差別
公民権の行使を拒んだ場合(7条違反)	選挙権の行使等の拒絶が該当する
損害賠償額を予定する契約をした場合(16条違反)	実際に生じた損害に対する賠償は問題ない
前借金相殺をした場合(17条違反)	身分拘束の禁止
強制貯蓄させた場合(18条1項違反)	足留め策の禁止
解雇制限期間中に解雇した場合(19条違反)	産前産後の休業中または業務上傷病の療養中及びその後30日以内の解雇
予告解雇をしなかった場合(20条違反)	即時解雇の禁止
法定労働時間を守らない場合(32条違反)	三六協定の締結・届出がない等
法定休憩を与えない場合(34条違反)	休憩は労働時間の途中に一斉に自由に
法定休日を与えない場合(35条違反)	1週間に少なくとも1日以上の休日
割増賃金を支払わない場合(37条違反)	三六協定の締結・届出と未払いは別
年次有給休暇を与えない場合(39条違反)	年次有給休暇の請求を拒否する
年少者に深夜業をさせた場合(61条違反)	年少者とは18歳未満の者
育児時間を与えなかった場合(67条違反)	育児時間とは1歳未満の子への授乳時間等のこと
災害補償をしなった場合(75〜77、79、80条違反)	業務上傷病に対して会社は補償しなければならない
申告した労働者に不利益取扱いをした場合(104条2項違反)	申告とは労働基準監督官などに相談すること

30万円以下の罰金	
労働条件明示義務違反(15条)	
法令や就業規則の周知義務違反(106条)	

＊令和7年6月から懲役や禁錮が拘禁刑に統一されます。

第1章 ◆ 法令違反リスクと対策　15

3 労働安全衛生法に違反するとどうなるのか

行為者やその所属する会社が処罰される場合がある

■■ どんな罰則があるのか

労働安全衛生法第12章には罰則規定があり、労働安全衛生法違反の内容に応じて、その行為者に対して以下の罰則を科すことにしています。さらに、③〜⑥の行為者が事業者（会社など）の代表者または従業者（労働者）である場合は、その事業者にも各々の犯罪の罰金刑が科されます（122条）。これを両罰規定といいます。

① **7年以下の拘禁刑（115条の3第1項）**

特定業務（製造時等検査、性能検査、個別検定、型式検定の業務）を行っている特定機関（登録製造時等検査機関、登録性能検査機関、登録個別検定機関、登録型式検定機関）の役員・職員が、職務に関して賄賂の収受、要求、約束を行い、これによって不正の行為をし、または相当の行為をしなかったとき

② **5年以下の拘禁刑（115条の3第1・2・3項）**

・特定業務に従事する特定機関の役員・職員が、職務に関して賄賂の収受、要求、約束をしたとき

・特定機関の役員・職員になろうとする者や、過去に役員・職員であった者が、一定の要件の下で、賄賂の収受、要求、約束をしたとき

③ **3年以下の拘禁刑または300万円以下の罰金（116条）**

黄りんマッチ、ベンジジン等、労働者に重度の健康障害を生ずる物を製造、輸入、譲渡、提供、使用したとき

④ **1年以下の拘禁刑または100万円以下の罰金（117条）**

・ボイラー、クレーンなどの特定機械等を製造するにあたって許可を受けていないとき

・小型ボイラーなどの機械を製造・輸入するにあたって個別検定や型式検定を受けていないとき
・ジクロルベンジジン等、労働者に重度の健康障害を生ずる恐れのある物を製造許可を受けずに製造したとき

⑤　6か月以下の拘禁刑または50万円以下の罰金（119条）

・労働災害を防止するための管理を必要とする作業で、定められた技能講習を受けた作業主任者を選任しなかったとき
・危険防止や健康障害防止等に必要な措置を講じなかったとき
・危険または有害な業務に労働者をつかせるとき、安全または衛生のための特別の教育を行わなかったとき、事業場の違反行為を監督機関（労働基準監督署など）に申告した労働者に対して不利益な取扱い（解雇など）をしたとき

⑥　50万円以下の罰金（120条）

・安全管理者、衛生管理者、産業医などを選任しなかったとき
・労働基準監督署長等から求められた報告をせず、または出頭を命ぜられたのに出頭をしなかったとき
・定期健康診断、特殊健康診断を行わなかったとき

■ 違反した場合の罰則 ･･

罰則	3年以下の拘禁刑か300万円以下の罰金	重度の健康障害が生じる化学物質の製造　など
	1年以下の拘禁刑か100万円以下の罰金	・特定機械等の製造許可を受けていない場合 ・許可を受けずに化学物質を製造した場合　など
	6か月以下の拘禁刑か50万円以下の罰金	・特別教育を実施しなかった場合 ・危険や健康障害を防止する措置を講じなかった場合　など
	50万円以下の罰金	・安全管理者などを選任しなかった場合 ・健康診断を実施しなかった場合　など

第1章 ◆ 法令違反リスクと対策　17

4 企業不祥事についての認識をもとう

企業不祥事は対応を誤ると、企業存続の危機を招くこともある

■■ 企業不祥事はなぜ起こるのか

　企業不祥事とは、企業にとって、忌まわしく、起こってはならない事件です。一般的には企業の不正や犯罪行為、重大な事故などを指しますが、広く消費者や社会の信頼を損なう事件やスキャンダルなども含むといってよいでしょう。

　企業不祥事の原因としては、「顧客満足」「社会貢献」などの掛け声とは裏腹に、①実際は「売上第一主義」「利益至上主義」を貫き、②法令を軽視する道を走り続ける企業体質が挙げられます。また、③「効率」や「成長」を追求し続けた結果として、不祥事が多発する事態を招いた、と言うこともできるでしょう。

　近年、企業不祥事が注目される理由としては、これまでは事件が起きても、企業の中で秘密裏に処理され、社会に公表されないまま闇に葬られてきた、ということが挙げられます。

　一方で企業不祥事は、従業員によるマスメディアや監督官庁などへの内部告発によって発覚することがあります。その他にも、FacebookやX（旧Twitter）に代表されるSNS（ソーシャル・ネットワーキング・システム）の飛躍的な普及・発展により、誰もが情報発信することが容易にできる状況となったことも、企業不祥事の発覚を促す力となっています。

■■ 企業不祥事にはどのような事例があるのか

　最近の大規模な企業不祥事といえる事例を整理すると、次のようなものが挙げられます。

① 製造物責任などの製品に関するもの（人的被害の例）
② 独占禁止法違反にあたるもの
③ 不正会計にあたるもの
④ 反社会的勢力との取引に関するもの
⑤ 偽装事件にあたるもの
⑥ 業務上過失・横領・背任など刑事事件となる問題
⑦ セクハラやパワハラなど労務関連の人権問題
⑧ 個人情報や企業秘密の漏えいなど情報管理に関する事件
⑨ 社会インフラの基幹となる企業（金融機関、通信会社、公共交通機関など）におけるシステム障害など

■ 企業不祥事によるデメリットは大きい

企業にとって、不祥事は大きなデメリットをもたらします。デメリットとしては、大きく次の4点が考えられます。

① 売上げの減少

不祥事が起こると、取引先が商品や原材料の納品を停止したり、消費者が企業に対する不信感から商品の購入を控えたり、時には不買運動を起こしたりすることがあります。

② ブランドイメージの低下

永年営々と築いてきた企業ブランドも、崩れるときは一瞬だといってもよいかもしれません。いったん地に墜ちたイメージを回復するの

■ 不祥事が会社にもたらす悪影響

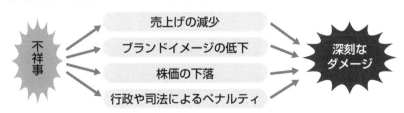

は容易なことではありません。

③　株価の下落

　企業は、消費者や取引先に責任があるのと同時に、株主に対しても大きな責任を持っています。会社は株主のものだという考え方も一般的です。株主の評価を端的に示すものが株価です。悪質な社会的事件を起こしたり、粉飾決算などの不正行為を行ったりすれば、株価は大きく下落します。しかも、株価はその影響が即日顕著に現れます。場合によっては、上場契約違反を理由として、証券取引所が上場継続不適と判断し、投資者保護の目的から上場廃止とすることもあります。

④　行政や司法によるペナルティ

　不祥事を起こせば、監督官庁などから、措置命令、業務改善命令、業務停止命令を受けることになり、企業ブランドが損なわれることはもちろんのこと、それを遂行するための組織的なコストは莫大なものとなる可能性があります。また、現在の裁判所は、消費者やマスメディアを含めた世論を重要視する傾向があるため、企業が起こした不祥事に対しては、きわめて厳しい態度で臨むことが多くなっています。不祥事を起こした経営者や従業員だけでなく、企業そのものに対しても重い罰則を科すケースが増えています。

■■ どのような対策をとればよいのか

　不祥事対策は、二つの観点から考える必要があります。一つは、不祥事を起こさないためにはどうしたらよいか、もう一つは、もし不祥事が起きた場合にどのように対応すべきなのか、という観点です。

①　不祥事が起きる前の対策

　まず、不祥事を起こさないため、会社運営の舵取りを行う経営者が果たすべき役割には大きなものがあるといえます。自らが高い倫理観を持ち、企業が社会的存在であることを大前提とした上で、利益を追求するというメッセージを社内に送り続けなければなりません。そう

することではじめて、不正・犯罪行為は許さないという企業風土が醸成されていくことになります。

また、法務部門が中心となるなどして、全社的に実効性のあるコンプライアンスに対する意識改革を進めていく必要があります。

さらに、組織的には相互監視・牽制体制を確立することや、内部通報制度を社内に周知徹底して、情報拡散前に対策を講じることなどが不可欠な対策といえます。

② 不祥事が起きた後の対策

万全な対策を講じたつもりでいても、不祥事が起きることは避けられないといえます。また、万一不祥事が発生した場合に誤った対応をすれば、企業の存続そのものが危うくなります。

そこで、ⓐ事実関係の調査や原因の究明、ⓑ対応方針の検討・決定、ⓒ対応体制の確立、ⓓ公式見解の検討・作成、ⓔ是正措置や再発防止対策の実施、ⓕ信頼回復策の企画・実施などを適切に、しかも最大限のスピード感をもって実施しなければなりません。平常時から不祥事

■ **不祥事が生じた場合の関係者への対応とその他会社の対策** ……

不祥事を起こさないために
・経営者の高い倫理観　　・社会的存在への意識 ・コンプライアンスに対する意識改革 ・相互監視・牽制体制　　・内部通報制度　　　　　　など

それでも

対策

対　策
ⓐ事実関係の調査・原因の究明　　ⓑ対応方針の検討・決定 ⓒ対応体制の確立　　　　　　　　ⓓ公式見解の検討・作成 ⓔ是正措置・再発防止対策の実施　ⓕ信頼回復策の企画・実施

への対応体制を作っておく必要があるといえるでしょう。

■■ 利害関係人ごとの個別対応

　企業の事業活動に対して直接的・間接的に利害が生まれる関係者のことをステークホルダーといいます。具体的には、消費者、得意先、従業員、株主、行政機関などが挙げられますが、ここでは、消費者、得意先、従業員について考えることにします。

① 消費者

　消費者の生命・健康・財産に被害が及ぶ可能性がある（または被害がすでに生じている）場合は、被害の発生または拡大を一刻も早く阻止することに全力を注がなければなりません。回収窓口を設置して商品の回収を行ったり、新聞・テレビなどで商品の内容をいち早く知らせたりして、消費者の不安を解消することが極めて大事だといえます。

　初動対応を誤って被害が拡大すれば、企業ブランドの著しい低下を招くことになります。逆に、迅速かつ誠実な対応を行ったため、消費者の信頼を獲得したケースもあります。

② 得意先

　最近では不祥事が起こると、その企業と従来から長年付き合いのあった企業があっさりと取引を中止することも多くなっています。不祥事を起こした企業と取引を続けることによって、自社の企業評価が低下することを恐れるためだといえます。そのような事態を防ぐためには、得意先への状況説明・報告を迅速に実施することです。不祥事に関する正確な情報と対策について、文書配布を行う必要もあります。

③ 従業員

　不祥事を起こした企業は、組織としてのパワーが下がり、従業員の士気も低下します。マスメディア対応を誤って社会的な厳しいバッシングを受けると、会社を辞めていく人間が出てくることもありえます。

　危機的な状況に際して、従業員に向けて経営陣がメッセージ（文

書）を発し、すべての従業員が一丸となって、冷静かつ適切な行動を取るように呼びかけることは、士気の低下を防ぐためにも不可欠だといえます。

株主総会での対策

　株主総会で株主がもっとも関心を持つのは、不祥事が株価へどう影響するのかという点です。監督官庁からの行政処分がどうなるか、業績の変化の見通しについて、わかりやすく誠実に説明すべきでしょう。

　不祥事発生後の株主総会を簡単にセレモニー的に終わらせようとすると、株主の不信を買い、かえって事態が悪化する可能性があるので、留意する必要があります。

行政機関への対応

　行政機関（監督官庁）には、事実に基づいた適正な報告をしなければなりません。そのためには、関係者へのヒアリングなど、徹底的に調査を行い、不祥事の正確な実態を把握した上で、報告を行わなければなりません。また再発防止策を提示することは必須といえます。

訴訟への対策

　不祥事により被害を被った消費者から裁判を起こされることも予想しなければなりません。被害者団体を結成するなどにより集団的な訴訟が提起される可能性についても事前に把握しておくことが望ましいといえます。また、経営陣（旧経営陣を含む）が善管注意義務に違反したとして、株主から株主代表訴訟（232ページ）を起こされることも想定されます。

　消費者からの訴えや、株主代表訴訟は、顧問弁護士なら誰でもそつなくこなせるという種類のものではありません。こうした訴訟への対応では、弁護士（代理人）を誰に委任するかも重要な鍵となります。

第1章 ◆ 法令違反リスクと対策　23

Column

労働基準監督署の調査に備える

　労働基準監督署が事業所に対して行う調査の目的は、労働基準法をはじめとする労働関係の法律の規定に違反するところがないかどうかを確認するということです。

　労働基準監督署による定期監督や申告監督が実施される際には、調査の時に労働基準監督官が確認する書類を準備するように指示されます。会社組織図や労働者名簿、就業規則等、雇用契約書、労働条件通知書、各種の労使協定、賃金台帳（給与明細書など）タイムカード、出勤簿など、日頃から書類の整備を怠らないようにしなければなりません。書面自体は備えていても記載漏れや記載の仕方などについて指摘を受ける可能性があるため、注意が必要です。たとえば、労働基準法で作成が義務付けられている労働者名簿とは、各労働者に関する一定の事項を記載した書面を労働者ごとに作成したものです。各労働者の氏名と住所を一覧にしたようなものは労働基準法上作成が求められている労働者名簿とはならないので、注意が必要です。

　賃金台帳は、基本給と諸手当、そして時間外労働に対する賃金が労働者に適切に支払われているかどうかを確認するために提出を求められるものです。したがって、必要事項を記載していないなど不備がある場合には、是正勧告や指導を受けることになりますから、事前に必ず確認するようにしましょう。特に基本給と諸手当の区別、そして時間外労働の種別を明記するのを忘れないようにしましょう。

　使用者は、労働者名簿、賃金台帳、雇入・解雇・災害補償・賃金その他労働関係に関する重要な書類を3年間保存することが義務付けられています（労働基準法109条）。保存義務のある書類については、必要な時にすぐに閲覧することができるようにしておかなければなりません。

第２章

労務管理のリスクと対策

1 三六協定について知っておこう

残業をさせるには労使間で三六協定を締結し届け出る必要がある

■■ 三六協定を結ばずに残業をさせることは違法

　時間外労働および休日労働（本項目ではまとめて「残業」と表現します）は、労使間で書面による労使協定を締結し、行政官庁に届け出ることによって、一定の範囲内で残業を行う場合に認められます。この労使協定は労働基準法36条に由来することから三六協定といいます。

　同じ会社であっても、残業の必要性は事業場ごとに異なりますから、三六協定は事業場ごとに締結しなければなりません。三六協定は、事業場の労働者の過半数で組織する労働組合（過半数組合）、または過半数組合がないときは労働者の過半数を代表する者（過半数代表者）との間で、書面によって締結し、これを労働基準監督署に届ける必要があります。

　過半数代表者との間で三六協定を締結する場合は、その選出方法にも注意が必要です。選出に関して証拠や記録がない場合、代表者の正当性が否定され、三六協定自体の有効性が問われます。そこで、選挙で選出する場合は、投票の記録や過半数の労働者の委任状を残しておくと、後にトラブルが発生することを防ぐことができます。なお、管理監督者は過半数代表者になることができません。管理監督者を過半数代表者として選任して三六協定を締結しても無効となる、つまり事業場に三六協定が存在しないとみなされることに注意が必要です。

　三六協定は届出をしてはじめて有効になります。届出の際は原本とコピーを提出し、コピーの方に受付印をもらい会社で保管します。労働基準監督署の調査が入った際に提示を求められることがあります。

三六協定に加えて就業規則などの定めが必要となる

三六協定は個々の労働者に残業を義務付けるものではなく、「残業をさせても使用者は刑事罰が科されなくなる」（免罰的効果）というだけの消極的な意味しかありません。使用者が残業を命じるためには、三六協定を結んだ上で、労働協約、就業規則または労働契約の中で、業務上の必要性がある場合に三六協定の範囲内で時間外労働を命令できることを明確に定めておくことが必要です。

使用者は、時間外労働について25％以上の割増率（月60時間を超える分は50％以上の割増率）、休日労働について35％以上の割増率の割増賃金を支払わなければなりません。三六協定を締結せずに残業させた場合は違法な残業となりますが、違法な残業についても割増賃金の支払いは必要ですので注意しなければなりません。

なお、三六協定で定めた労働時間の上限を超えて労働者を働かせた者には、6か月以下の拘禁刑または30万円以下の罰金が科されます（事業主にも30万円以下の罰金が科されます）。

就業規則の内容に合理性が必要

最高裁判所の判例は、三六協定を締結したことに加えて、以下の要件を満たす場合に、就業規則の内容が合理的なものである限り、それが労働契約の内容となるため、労働者は残業（時間外労働および休日

■ 時間外労働をさせるために必要な手続き

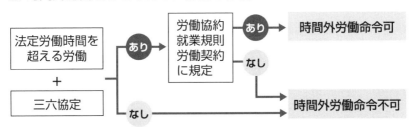

労働）の義務を負うとしています。

・三六協定の届出をしていること

・就業規則が当該三六協定の範囲内で労働者に時間外労働をさせる旨について定めていること

　以上の要件を満たす場合、就業規則に従って残業を命じる業務命令（残業命令）が出されたときは、正当な理由がない限り、労働者は残業を拒否することができません。残業命令に従わない労働者は業務命令違反として懲戒の対象になることもあります。

　前述したように、三六協定の締結だけでは労働者に残業義務は発生しません。三六協定は会社が労働者に残業をさせても罰則が科されないという免罰的効果しかありません。就業規則などに残業命令が出せる趣旨の規定がなければ、正当な理由もなく残業を拒否されても懲戒の対象にはできませんので注意が必要です。

　なお、会社として残業を削減したい場合や、残業代未払いのトラブルを防ぎたい場合には、残業命令書・申請書などの書面を利用して労働時間を管理するのがよいでしょう。また、残業が定例的に発生すると、残業代が含まれた給与に慣れてしまいます。その金額を前提にライフサイクルができあがると、残業がなくなると困るので、仕事が少なくても残業する労働者が出てくることがあります。そのような事態を防ぐためにも、会社からの残業命令または事前申請・許可がなければ残業をさせないという毅然とした態度も必要です。あわせて労働者が残業せざるを得ないような分量の業務を配分しないことも重要です。

■■ 三六協定の締結方法

　三六協定で締結しておくべき事項は、①時間外・休日労働をさせる（残業命令を出す）ことができる労働者の範囲（業務の種類、労働者の数）、②対象期間（起算日から１年間）、③時間外・休日労働をさせることができる場合（具体的な事由）、④「１日」「１か月」「１年間」

の各期間について、労働時間を延長させることができる時間（限度時間）または労働させることができる休日の日数などです。

④の限度時間については、かつては厚生労働省の告示で示されていましたが、平成30年（2018年）成立の労働基準法改正で、労働基準法に明記されました。1日の時間外労働の限度時間は定められていませんが、1か月45時間、1年360時間（1年単位の変形労働時間制を採用している場合は1か月42時間、1年320時間）を超える時間外労働をさせることは、後述する特別条項付き三六協定がない限り、労働基準法違反になります。かつての厚生労働省の告示の下では「1週間」「2か月」などの限度時間を定めることもありましたが、現在の労働基準法の下では「1日」「1か月」「1年」の限度時間を定める必要があります。

また、三六協定には②の対象期間とは別に有効期間の定めが必要ですが、その長さは労使の自主的な判断に任せています。ただし、対象期間が1年間であり、協定内容の定期的な見直しが必要であることから、1年ごとに三六協定を締結し、有効期間が始まる前までに届出をするのが望ましいとされています。

■ 三六協定の内容 ···

三六協定で締結すべき事項

1 時間外・休日労働をさせることができる労働者の範囲
⇒業務の種類、労働者の数

2 対象期間・有効期間
⇒対象期間は1年間に限る
　有効期間は制限なし（1年間が望ましい）

3 時間外・休日労働をさせることができる事由
⇒時間外・休日労働が必要な具体的な事由

4 労働時間の延長時間（限度時間）と休日労働の日数
⇒限度時間は「1日」「1か月」「1年」の
　各期間について具体的に明記する

第2章 ◆ 労務管理のリスクと対策　29

労使協定の中には、労使間で「締結」をすれば労働基準監督署へ「届出」をしなくても免罰的効果が生じるものもありますが、三六協定については「締結」だけでなく「届出」をしてはじめて免罰的効果が発生するため、必ず届け出ることが必要です。

■■特別条項付き三六協定とは

　労働者の時間外・休日労働については、労働基準法の規制に従った上で、三六協定により時間外労働や休日労働をさせることができる上限（限度時間）が決められます。しかし、実際の事業活動の中では、時間外・休日労働の限度時間を超過することもあります。そのような「特別な事情」に備えて特別条項付きの時間外・休日労働に関する協定（特別条項付き三六協定）を締結しておけば、限度時間を超えて時間外・休日労働をさせることができます。平成30年（2018年）成立の労働基準法改正により、特別条項付き三六協定による時間外・休日労働の上限などが労働基準法で明記されました。

　特別条項付き三六協定が可能となる「特別な事情」とは、「事業場における通常予見することのできない業務量の大幅な増加等に伴い臨時的に限度時間を超えて労働させる必要がある場合」（労働基準法36条5項）になります。

　そして、長時間労働を抑制するため、①1か月間における時間外・休日労働は100時間未満、②1年間における時間外労働は720時間以内、③2～6か月間における1か月平均の時間外・休日労働はそれぞれ80時間以内、④1か月間における時間外労働が45時間を超える月は1年間に6か月以内でなければなりません。これらの長時間労働規制を満たさないときは、刑事罰の対象となります（6か月以下の拘禁刑または30万円以下の罰金）。

■■ 三六協定違反に対する罰則とリスク

　三六協定に違反した場合、主に①刑事上のリスク、②民事上のリスク、③社会上のリスクを負うことになります。

①　刑事上の罰則

　労働管理者（取締役、人事部長、工場長など）に拘禁刑または罰金が科せられ、事業主にも罰金が科せられることになります。悪質な場合は労働管理者が逮捕されて取り調べを受ける場合もあります。

②　民事上のリスク

　三六協定に違反する長時間労働をさせたことにより労働者が過労死した場合、会社には何千万円といった単位での損害賠償を命じる判決が出される可能性もあります。

③　社会上のリスク

　会社が刑事上・民事上の制裁を受けたことがマスコミによって公表されると、会社の信用に重大なダメージを負います。そうなると、これまで通りの事業を継続するのは難しくなるでしょう。近年、違法な

■ 三六協定・特別条項付き三六協定 ･･･････････････････････

| 原則 | 三六協定に基づく時間外労働の限度時間は月45時間・年360時間 |

**1年のうち6か月を上限として
限度時間を超えた時間外・休日労働の時間を設定できる**

特別条項付き三六協定

【特別な事情（一時的・突発的な臨時の事情）】が必要	【長時間労働の抑止】
① 予算・決算業務 ② ボーナス商戦に伴う業務の繁忙 ③ 納期がひっ迫している場合 ④ 大規模なクレームへの対応が必要な場合	※1か月につき100時間未満で時間外・休日労働をさせることができる時間を設定 ※1年につき720時間以内で時間外労働をさせることができる時間を設定

第2章 ◆ 労務管理のリスクと対策　31

長時間労働や残業代未払いが報道され、社会的関心が高まっていることを考えると、取り返しのつかない事態を防ぐため、事業主や労働管理者は三六協定違反にとりわけ慎重に対応すべきといえます。

■■ 上限規制の適用が猶予・除外されていた事業・業務について

前述したように、平成30年（2018年）成立の労働基準法改正で、平成31年（2019年）4月から長時間労働規制が導入（適用）されました（中小企業は令和2年4月から導入）。

ただ、以下の事業・業務については、導入が猶予されてきましたが、令和6年（2024年）4月から長時間労働規制が導入されていますので、これらの事業・業務においても、時間外労働及び休日労働に関する協定を締結した上で、三六協定の内容に合った様式を作成し、所轄の労働基準監督署に届出を行う必要があります。

・建設事業（災害の復旧・復興の事業を除く）
・自動車運転の業務
・医師
・鹿児島県及び沖縄県における砂糖製造業

■■ 三六協定届の電子申請

三六協定を届け出る際には、法律に定める要件を満たしていなければ受理されません。協定内容が法律の要件を満たしているかどうかについて確認するために、以下のようなオンライン上で労働基準監督署に届出が可能な三六協定届の作成ができるツール（三六協定届等作成支援ツール）もありますので活用してみるとよいでしょう。

https://www.startup-roudou.mhlw.go.jp/support.html

また、三六協定の届出は電子申請で届出をすることも可能です。三六協定届や就業規則の届出など、労働基準法に関する届出等は、「e-Gov（イーガブ）」から、電子申請をすることができます。

2 年収の壁問題について知っておこう

労働保険や社会保険への加入の有無は労働時間によって異なる

■■ 労働保険や社会保険への加入条件

　一定の要件に該当すれば、パートタイマーも労働保険（労災保険・雇用保険）や社会保険（健康保険・厚生年金保険）に加入する必要があります（34ページ図）。

① 労災保険の加入条件

　労災保険は、雇用形態にかかわらず、労働者を一人でも雇用している会社は事業所単位で強制加入であり、パートタイマーも当然に適用対象です。労災保険は事業所単位での適用となるため、本店の他に支店などがある場合は、本店・支店それぞれで加入する必要があります（一定の要件を満たす場合は保険料納付の事務処理を一括することが可能）。

② 雇用保険の加入条件

　雇用保険は、原則として1週間の所定労働時間が20時間以上であり、かつ、31日以上引き続いて雇用見込みがある労働者が適用対象になります。しかし、パートタイマーは、シフト勤務のために勤務時間や日数が不規則になることがあります。1週間の労働時間が決まっていない労働者は、1か月の労働時間が87時間以上の場合に雇用保険の適用対象となります。その他、季節的に雇用される労働者（積雪など自然現象の影響を受ける業務）は、4か月を超える期間を定めて雇用され、かつ、1週間の所定労働時間が30時間以上の場合が適用対象です。

　一方、労働者が退職した際は、雇用保険の資格喪失の手続きが必要ですが、雇用が継続している途中で労働時間が変更される場合も注意が必要です。たとえば、当初の労働契約では加入要件を満たしていても、その後の労働条件の変更により1週間の労働時間が20時間未満と

なった場合は、その時点で雇用保険の資格喪失とみなし、資格喪失の手続きが必要となります。

　なお、雇用保険の加入条件は令和10年10月より１週間の所定労働時間が20時間以上から10時間以上に改正されるため、加入者の範囲が拡大されます。

③　社会保険の加入条件

　社会保険は、原則として１週間の所定労働時間と１か月の所定労働日数が正社員の４分の３以上の労働者が適用対象になります。

　ただし、令和６年10月改正では、被保険者数が、常時51人以上の企業（特定適用事業所）は、正社員の４分の３未満でも、ⓐ１週間の所定労働時間20時間以上、ⓑ月額賃金8.8万円以上（年収106万円以上）、ⓒ雇用期間２か月以上（見込みを含む）、ⓓ学生でない、という要件をすべて充たす短時間労働者も、社会保険の被保険者になる点に注意が必要です。

　この場合、雇用保険と同様に、雇用が継続している途中で勤務日数が少なくなったなどの理由で加入要件を充たさなくなった際には、社会保険の資格喪失手続きが必要となります。

　また、被保険者数が常時50人以下の企業（任意特定適用事業所）でも、労使合意に基づき申し出をする法人・個人の事業所や、国・地方公共団体に属する事業所も、社会保険の適用対象となります。

■ パートタイマーと労働保険・社会保険の適用 ⋯⋯⋯⋯⋯⋯⋯⋯⋯

保険の種類		加入するための要件
労働保険	労災保険	なし（無条件で加入できる）
	雇用保険	31日以上引き続いて雇用される見込みがあり、かつ、１週間の労働時間が20時間以上であること
社会保険	健康保険	原則として、１週間の所定労働時間および1か月の所定労働日数が、同じ事業所で同様の業務をする正社員の４分の３以上であること（従業員数が常時51人以上の企業では要件が緩和されている）
	厚生年金保険	

ところで、「106万円の壁」や「130万円の壁」という言葉を聞いたことがある人も多いと思います。「106万円の壁」というのは、前述のように、勤務先が特定適用事業所であった場合、配偶者の収入が106万円を超えると単独で社会保険の加入義務が生じます。そのため、扶養から外れて自ら社会保険の被保険者として保険料負担が発生することにより、手取り収入が少なくなることを指します。

なお、この「106万円の壁」については、今年予定されている年金制度改革法案の公布より3年を目途に廃止する方針で検討が進められています。

また、特定適用事業所の要件である企業規模要件も段階的に緩和しながら令和17年10月には廃止する方針となっています。「130万円の壁」というのは、勤務先が特定適用事業所ではない場合でも、配偶者の収入が130万円を超えると社会保険の扶養要件を満たさなくなり、

■ 税金や社会保険に関する収入要件（収入上限額は修正される場合あり）

	対象	負担の内容
100万円を超えると ※1	住民税	保育園、公営住宅の優先入所、医療費助成などの自治体サービスの一部で負担が発生
123万円を超えると	所得税	・扶養控除（子や親など配偶者以外の親族）が受けられなくなる
130万円を超えると	社会保険	健康保険の被扶養者になれず、社会保険料を負担 ※常時51人以上の企業などでは「106万円以上」となる
160万円を超えると ※2	所得税	・本人への所得税が発生する ・夫（妻）は1～36万円の配偶者特別控除が受けられる 　※夫（妻）の合計所得金額による制限がある
201万円を超えると	所得税	・本人への所得税が発生する ・夫（妻）は配偶者特別控除が受けられない

※1　令和8年分からは110万
※2　①年収200万円以下の場合は課税最低限が160万、②年収200万超～850万以下の場合は段階的に課税最低限が設けられる（②は令和7・8年分の時限措置）

第2章 ◆ 労務管理のリスクと対策　35

社会保険の扶養から外れてしまいます。そのため、配偶者は単独で国民年金や国民健康保険に加入することになり、これらの保険料の負担が増加してしまうことを指します。

なお、「130万円の壁」の存在により給与の手取りが減ってしまうことを懸念し、働き控えにつながっていることが問題視されていたことから、年収が130万円以上となっても手取りが減らないように取り組む企業に対して、一人当たり最大75万円の助成金を支給するなどの検討が進められています。

■■ パートタイマーの所得調整・年末調整

会社員の配偶者がパートで働く場合、配偶者の年収が160万円以下であれば配偶者の所得税が課税されず、また、会社員の控除対象配偶者になることができます。給与収入から控除される給与所得控除額が最低65万円、すべての人が対象となる基礎控除額が95万円（合計所得金額が2350万円以下の場合）であるため、年収160万円以下であれば所得が「ゼロ」になり、所得税が課税されません。

また、配偶者の年収160万円までは配偶者特別控除が適用され、配偶者控除と同額（38万円）の控除が受けられます（年収160万円を超えると暫時控除額が減少し、201万円を超えると控除額がゼロとなる）。これらを「160万円の壁」と呼んでいます（なお、壁については今後修正が行われる場合があります。）。

そして、パートタイマーであっても、所得税を源泉徴収されていた場合、年末調整（1年間に源泉徴収した所得税の合計額と本来の所得税額を一致させる手続）を行うことで、源泉所得税の還付を受けることができます。

3 年金事務所が行う社会保険の定時決定調査について知っておこう

事業所調査で必要になる書類は日頃からわかるようにしておく

■■ どんなことを調査されるのか

　事業所調査とは、日本年金機構が行う定期的な調査のことです。調査の対象とされた事業所が事業所の所在地を管轄する年金事務所へ出向いた上で行われることになります（近年では、郵送や電子申請でも行われています）。

　調査は、事業所で行う社会保険の手続きが「適正か」を調べることが目的です。調査のうち、特に念入りに調べられるのが、パートやアルバイトなどの非正規雇用者の社会保険加入状況です。

　非正規社員の社会保険加入範囲は年々拡大傾向にあり、令和6年10月より特定適用事業所の範囲が被保険者数51人以上の事業所に拡大されました。少子高齢化などの影響もあり、社会保障に使用する財源が決定的に不足していることから、多様化している短時間勤務の労働者に社会保険へ加入してもらうことが改正の目的です。

　国としては、とにかく社会保険へ加入し、保険料を集めなければなりません。本来社会保険に加入しなければならない、もしくは加入要件ギリギリの働き方をするパートやアルバイトが未加入の場合は、賃金台帳や給与明細書を確認の上、適正かどうかを判断することになります。また、加入されている場合でも、標準報酬月額が実際に支給された給与に応じた内容かも確認されるため、注意が必要です。

■■ 事業所調査の通知がきたらどうする

　事業所調査の対象となった場合、事業所所在地を管轄する年金事務所より書類が届きます。その中には、調査を実施する日時（または年

第2章 ◆ 労務管理のリスクと対策　　**37**

金事務所へ郵送、電子申請する期限）と必要書類が記載されています。

限られた日程内で必要書類をそろえる必要があるため、日頃からの社内体制の整備具合が問われるでしょう。社会保険労務士と顧問契約をしている場合は、早急に調査の日時（または提出期限）と内容について伝え、協力を仰ぐべきです。

なお、指定された日時に出頭（または提出期限までに郵送、電子申請）しなかった場合は、後日に年金事務所より電話がかかってくることがあります。それでも応じない場合は年金事務所の担当者が事務所へ出向くという事態にもなりかねないため、注意が必要です。単に用事で指定された日程に出頭（または提出期限までに郵送、電子申請）するのが難しい場合は、書類に記載された年金事務所へ電話をして、変更の依頼をすることができます。

▓▓ どんな書類を用意すればよいのか

調査の際に必要となる書類は、事業主宛に届いた「健康保険及び厚生年金保険被保険者の資格及び報酬等調査の実施について」という通知書に記されています。

具体的には、以下の書類が必要となるため、用意しなければなりません。

① 報酬・雇用に関する調査票（同封された用紙に記入）
② 源泉所得税領収証書
③ 就業規則および給与規程
④ 賃金台帳または賃金支給明細書
⑤ 出勤簿（タイムカードも可）※賃金台帳等において出勤日数および労働時間が確認できる場合は省略可

▓▓ 年金事務所はどんな点をチェックするのか

年金事務所側は持参（または郵送、電子申請）された書類をもとに、

社会保険の加入状況について一つずつ調べていきます。

重視されるポイントとしては、まずは社会保険に加入している者の人数です。前述②の源泉所得税領収証書に記された従業員数をもとに、そのうち何人の従業員が社会保険に加入しているかを調査します。特にパート・アルバイトなどの非正規雇用者の加入状況は一人ずつ念入りに調べ、加入していない者に対してはそれが適正かを検証します。

次に、社会保険加入者の標準報酬月額等級が正しいかを調べます。昇給や各種手当に応じた標準報酬月額が定められているか、または通勤費、時間外労働手当が反映されているか、報酬変更時に正しい手続きがされているかを順に確認していきます。

なお、源泉所得税領収証書には実際に支払った給与の金額も記載されているため、帳簿との差がないか、金額が適正かを同時にチェックされることになります。

また、新入社員の社会保険加入日についても重要なポイントです。よく、試用期間中の従業員を社会保険に加入させていない事業所がありますが、試用期間中も社会保険への加入要件を満たす働き方をさせている場合は、当然ながら社会保険への加入が必要です。また、試用

■ 事業所調査

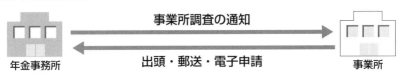

・数年に一度、調査対象となった事業所に対して行われる
・社会保険の加入状況（特にパート・アルバイト）などを調査することが目的
・調査に備えて、出勤簿、賃金台帳、就業規則の整備などの労務管理が必要

期間のみを対象とした雇用契約を締結する場合もありますが、これも試用期間後に本採用として契約を更新することになっている場合は、試用期間中であっても社会保険への加入を要します。

■■ 会社としてはどんな対策や準備をすべきか

事業所調査は、社会保険に加入している事業所に対して数年に一度行われるものです。調査目的から判断すると、たとえば工場を抱える製造業や飲食などのサービス業など、比較的非正規雇用者が多い業種に対して調査が行われやすいと言われています。また、介護職など比較的高齢の従業員が多い場合や外国人労働者を雇う場合なども要注意です。

ただし、現在ではどの事業所に関してもそれほど差はなく、長くて5年に一度はこの調査が実施される流れになっています。今は大丈夫でも、将来において対象となることは十分にあり得ます。

そのためには、今のうちから対策を取っておかなければなりません。いつ調査が入っても問題がない状態にする必要があります。

具体的には、まずは勤怠や給与計算の業務をマニュアル化し、パートやアルバイト、日雇い労働者などを含むすべての従業員に対して徹底することです。

社会保険に加入するか否かは、収入や労働時間、労働日数に左右されます。出勤簿やタイムカードを正しい時間で毎日つけるように心がけ、給与明細書や賃金台帳、源泉所得税領収証書の控え分とともに毎月必ず整理した上で保管を行います。保管期間は、法律で定められた期間は保管を続けるようにしましょう。また、従業員の労働時間について定めた就業規則や賃金規程の整備も必要です。パート・アルバイトの非正規雇用者に対し、正規社員と異なる形態で支払いを行っている場合は、別途専用の規程を作成しておかなければなりません。

40

4 社会保険料逃れにならないようにするための手続きについて知っておこう

随時改訂する場合や、賞与支給の際の社会保険料の算定に注意する

■■ 標準報酬のしくみを理解しておかないと社保調査で問題になる

　社会保険制度において覚えておかなければならない特徴の一つに、標準報酬制度があります。これは、毎月の給料計算のたびに保険料を算出するという事務負担を増やすことを防ぐため、あらかじめ給料額を複数の等級に分類した「標準報酬月額」を用い、給料を該当する等級に当てはめて保険料を決定するしくみのことです。健康保険・厚生年金保険それぞれの金額に応じた標準報酬月額表が定められており、最新の表は日本年金機構や協会けんぽのサイトより入手できます。なお、標準報酬制度は賞与にも適用されており、「標準賞与額」を用いて、該当する等級に保険料率を掛けて求めた額が社会保険料となります。

■■ 3か月連続大幅アップ・ダウンしている場合は随時改定が必要

　標準報酬月額の改定は、原則は「定時決定」として、毎年4月～6月の3か月間の報酬に応じて行われ、その金額はその年の9月から1年間適用されます。しかし、会社によっては、定時昇給以外の昇給や雇用形態の変更、異動による通勤費の変更などによる大幅な報酬額の増減が生じる場合があります。そこで、以下の条件に該当するときには、定時決定を待たずに標準報酬月額を変更するという随時改定制度が用いられます。

① 　報酬の固定的部分（基本給、家族手当、通勤手当など）の変動
② 　報酬の変動月とその後2か月の報酬（手当等変動部分も含む）の平均が現在の標準報酬月額に比べて2等級以上の増減
③ 　3か月とも報酬支払基礎日数が17日以上ある

第2章 ◆ 労務管理のリスクと対策　41

随時改定の必要があったにもかかわらず改定を行わなかった場合、報酬に応じた正しい社会保険料の支払ができなくなります。特に報酬がアップした場合に改定を行わないと、保険料逃れとみなされ、社保調査の際に問題となります。随時改定のタイミングを忘れないよう、毎月の給与額チェックは確実に行い、増減が生じた労働者の金額には特に注意を払う必要があります。

　また、特定適用事業所の短時間労働者（パートタイマーで社会保険に加入している被保険者）については、前述した随時改定条件③における報酬支払基礎日数が11日以上となります。正社員と随時改定条件が異なっているため注意が必要です。

■■ 保険料逃れのための賞与の分割支給は許されない

　社会保険料の金額は国によって毎年改定が行われ、年を追うごとに増加の一途をたどっている状況です。そのため、少しでも納めるべき保険料の金額を減らすために、賞与を利用する会社が問題視されています。具体的には、標準賞与額の査定を免れるため、支払う予定の賞与額を按分して毎月の給与額に上乗せし、保険料の金額を減額させようという方法のことです。

　このような問題に対する対策として、厚生労働省は「『健康保険法及び厚生年金保険法における賞与に係る報酬の取扱いについて』の一部改正について」という内容の通知を発令しました。これにより、賞与として支払われるべき賃金の分割支給額は、毎月の給与と扱うことが不可能になります。賞与の支給を適切に行わず、毎月の給与額に上乗せする方法で保険料逃れを図った場合、社保調査により厳しい指摘を受ける可能性があります。労働者が将来適切な金額の年金を受け取ることができるよう、このような保険料逃れは避けなければなりません。

労災には加入しているが社会保険に加入していないという場合はどうなるのでしょうか。

　　労働保険の場合、労働者を一人でも雇用する事業所は加入をする義務があります。一方、社会保険の場合は、法人の事業所は役員にも加入義務があり、原則として労働者を雇用していない場合でも加入をしなければなりません。法人の事業所でも従業員を雇用しておらず、役員報酬が０円の場合は例外的に社会保険の加入義務は生じませんが、かなり例外的なケースです。会社の設立をしていない個人事業所の場合でも、労働者を５人以上雇用する場合は、一部の業種を除いて加入する義務があります。

　したがって、労災には加入しているものの社会保険に加入をしていないことが認められる事業所は、労働者が５人に満たない個人事業所が挙げられます。社会保険の加入義務があるにもかかわらず加入していない場合は法律違反となり、罰則や罰金が必要になる可能性があります。

　罰則の内容は、健康保険法によると、事業主が社会保険にまつわる届出を正しく行っていない場合などに６か月以下の拘禁刑または50万円以下の罰金が科されるとされています。また、本来であれば加入すべき期間を加入していなかったということで、過去にさかのぼって社会保険加入対象者分の社会保険料の支払いをしなければなりません。期間は最長で２年間となり、さらに延滞金の支払も求められます。すでに退職している労働者であっても、２年以内に社会保険の加入対象者として働いている事実があれば、その労働者分の保険料も支払う必要があります。

　実際には、よほど悪質ではない限り過去の保険料の支払は求められない可能性がありますが、未加入事業所に対する対策強化の流れがあるため、決して加入義務を怠らないようにしなければなりません。

第２章 ◆ 労務管理のリスクと対策　　43

事業所調査により加入が必要な手続きに未加入であることが発覚した場合に年金事務所にはどんな書類を提出する必要があるのでしょうか。

加入が必要な手続きに未加入であることが発覚した場合は、早急に労災保険、雇用保険、社会保険に関する届出を行わなければなりません。ただし、労災保険と雇用保険については、起業時に社長1人だけの場合は加入の必要がなく、そもそも調査で指摘されることはありません。しかし、その後従業員を雇用した場合は加入手続きが必要になるため、注意が必要です。

① 労働保険の保険関係成立届

労働保険には労災保険と雇用保険の2つがあり、原則として両保険同時に加入しなければなりません(一元適用事業)。しかし、建設業を始めとするいくつかの事業は、現場で働いている人と事務所で働いている人が異なる場合があるため、労災保険と雇用保険が別々に成立する二元適用事業とされています。必要書類は、会社の設立時、または労働者の雇用時に提出が必要となる「保険関係成立届」で、これを所轄の労働基準監督署へ届け出ます。支店で労働者を雇用している場合は、支店についての保険関係成立届も必要です。会社など法人の場合には登記事項証明書、個人の場合には事業主の住民票の写しなどを添付書類として提出します。また、労働保険の概算料申告書の届出も必要となります。

② 雇用保険適用事業所設置届

労働保険関係の成立と同じく、原則として労働者を採用している場合は雇用保険への加入が必要です。ただし、5人未満の個人事業(農林水産・畜産・養蚕の事業)に限り任意加入とされています。手続きの手順としては、雇用保険の加入該当者を雇用した場合に提出が必要となる「雇用保険適用事業所設置届」を所轄公共職業安定所に届け出

ます。添付書類は以下のとおりです。

・労働保険関係成立届の控えと雇用保険被保険者資格取得届

・会社などの法人の場合には法人登記事項証明書

・個人の場合には事業主の住民票または開業に関する届出書類

・賃金台帳・労働者名簿・出勤簿等の雇用の事実が確認できる書類

③　雇用保険被保険者資格取得届

　雇用保険適用事業所設置届の提出と同時に、加入対象となる労働者分の雇用保険の加入手続きを行います。パート・アルバイトなどの正社員以外の非正規雇用者であっても、以下の場合には被保険者となります。

ⓐ　１週間の所定労働時間が20時間以上であり、31日以上雇用される見込みがある者（一般被保険者）

ⓑ　４か月を超えて季節的に雇用される者（短期雇用特例被保険者）

ⓒ　65歳以上の一般被保険者（高年齢被保険者）

ⓓ　30日以内の期間または日々雇用される者（日雇労働被保険者）

　なお、個人事業主、会社など法人の社長は雇用保険の被保険者にはなりませんが、代表者以外の取締役については、部長などの従業員としての身分があり、労働者としての賃金が支給されていると認められれば、被保険者となる場合があります。

　資格取得届を提出する場合、原則として添付書類は不要です。ただし、未加入発覚後に届出をする場合には、①労働者名簿、出勤簿（またはタイムカード）、賃金台帳、労働条件通知書（パートタイマー）等の雇用の事実と雇入日が確認できる書類、②雇用保険適用事業所台帳の添付が求められるケースがあります。

●被保険者を雇用したときの社会保険の手続き

　社会保険（健康保険・厚生年金保険）の場合は雇用保険とは異なり、労働者が１人もいない場合であっても（社長１人だけの会社であっても）、会社設立の時点で加入をしなければなりません。

第２章　◆　労務管理のリスクと対策　　45

① 新規適用届

　社会保険の加入手続きをする場合、事業所の所在地を管轄する年金事務所に「健康保険厚生年金保険新規適用届」を、保険料の納付を口座振替で希望する場合は、同時に「保険料口座振替納付（変更）申出書」を提出します。なお、支店を設置している場合にも「新規適用届」が必要です。添付書類は、ⓐ法人事業所の場合は登記事項証明書、ⓑ強制適用となる個人事業所の場合は事業主の世帯全員の住民票（コピー不可）です。

② 健康保険厚生年金保険被保険者資格取得届

　労働者を採用しており、その労働者が社会保険の加入要件に該当する場合は、資格取得の手続きを行わなければなりません。会社などの法人の役員・代表者の場合でも、社会保険では「会社に使用される人」として被保険者になります。ただし、個人事業主は「使用される人」ではないとされ、加入要件には該当しません。

　また、ⓐ日雇労働者、ⓑ2か月以内の期間を定めて使用される者、ⓒ4か月以内の季節的業務に使用される者、ⓓ臨時的事業の事業所に使用される者（6か月以内）、ⓔ短時間労働者（目安は1週間の所定労働時間または1か月の所定労働日数が正社員の4分の3未満）は、被保険者にはなりません。なお、51人以上の労働者を雇用する事業所の場合は、ⓕ1週間の所定労働時間が20時間以上、ⓖ月額賃金88,000円以上、ⓗ2か月を超えての継続雇用見込みがある、ⓘ学生でない場合は、短時間労働者でも社会保険が適用されます。

　手続きとしては「健康保険厚生年金保険被保険者資格取得届」を、事業所を管轄する年金事務所に届け出ます。添付書類は、健康保険被扶養者（異動）届（被扶養者がいる場合）、定年再雇用の場合は就業規則、事業主の証明書などです。

5 未払い残業代がある場合には注意する

労使双方が就業時間内の労働が基本であることを徹底すべき

労働時間の管理に注意する

　労働者（従業員）の労働時間を把握・管理することは、仕事の効率化や賃金の計算などを行う上で、非常に重要です。これを怠ると、後から賃金をめぐってトラブルになる可能性があります。

　労働基準法によると、会社が時間外労働（1日8時間もしくは1週間40時間を超える労働）をさせた場合は、2割5分以上の割増率（1か月の時間外労働が60時間を超えた場合、その超えた部分は5割以上の割増率であるが、中小企業は令和5年4月から適用）で計算した割増賃金を支払わなければなりません。また、会社が休日労働（原則として1週1日の法定休日における労働）をさせた場合は、3割5分以上の割増率による割増賃金を支払わなければなりません。

　労働者が組合活動や訴訟などを通じて、未払いとなっている残業代をさかのぼって支払うように請求してきた場合、その金額は莫大なものになりかねません。そのようなリスクを考えると、経営者は「残業代は必ず支払わなければならない」と理解しておくべきでしょう。

　サービス残業をさせた時点では請求してこなかったとしても、労働者が退職時に請求してくる可能性があります。残業代不払いと言われないように、就業規則やタイムカードの管理体制などを整備しておくことが必要です。

退職時に会社に対して法的請求をしてくる

　在職中は不利益取扱いを受けるのを恐れて不払いに異議を申し出なかった労働者が、退職後に会社に対して法的請求をしてくることが考

第2章 ◆ 労務管理のリスクと対策　　47

えられます。未払賃金の支払請求権を行使できる期間（時効期間）は、賃金支払日から２年間でしたが、令和２年施行の労働基準法改正により、同年４月１日以降に支払期日が到来する賃金請求権については賃金支払日から５年間（当面の間は３年間）に延長されています。

　したがって、労働者に残業代を支払っていないときは、多額の支払いを請求される可能性が生じます。会社が訴訟を提起された後に対応しようとしても、元労働者からタイムカード、出退勤の記録、給与明細などの証拠が裁判所に提出されると、未払賃金の支払いを命じられることになるでしょう。

　それならば、労働時間の記録を証拠として残さなければよいのかといえば、決してそうではありません。過去の裁判例からすると、未払残業代請求の裁判において、労働時間の記録が曖昧で正確な算定が難しいと、その時点で会社に不利になる傾向にあります。したがって、会社として正確な労働時間を記録することが求められている以上、それに応じた残業代を当初から正しく支払っておくべきなのです。

■■ 請求される金額は残業代だけではない

　労働者や元労働者から未払賃金の支払いを求める訴訟が提起された場合には、未払期間をさかのぼって合計した金額分の請求を受けることになります。前述したように、期間は最大３年間までさかのぼることができます。

　未払賃金には遅延損害金が上乗せされるのが要注意です。遅延損害金の利息は、退職者が請求する場合は、年利14.6％で計算した金額です（賃金の支払の確保等に関する法律６条１項）。これに対し、在職中の労働者が請求する場合は、令和２年施行の民法改正に伴い、同年４月１日以降に支払期日が到来する賃金請求権については年利３％で計算した金額です（従来は年利６％で計算した金額でした）。

　さらに、未払残業代の部分については、令和２年４月１日以降に支

払期日が到来する賃金請求権について、最大3年分の未払い額と同じ金額の付加金の支払いを裁判所から命じられる場合があります（労働基準法114条）。

慰謝料を請求されることもある

残業代の未払いについて労働者や元労働者が訴訟を起こしてきた場合には、遅延損害金や付加金を含めた未払分の金額の支払請求に加えて、慰謝料の支払いを請求してくることも考えられます。残業が長時間労働と切り離せない関係にあり、未払残業代を請求できる状況にある労働者などは、長時間労働が原因で「心疾患を患った」「うつ病になった」といった労災に該当するような状況に至っている可能性があるからです。また、残業代を支払わない職場は、法令遵守への意識が低く、上司によるパワハラ、セクハラなどが横行している可能性もあり、それに関する慰謝料の請求を受けることも考えられます。

■ 未払いの残業代があった場合の支払額（令和2年4月以降）……

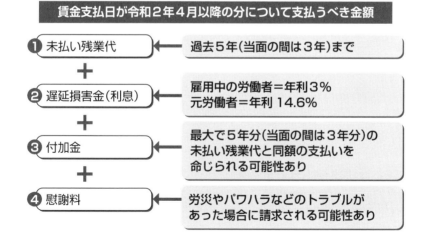

6 裁判になった場合の対応について知っておこう

残業代を支払わなければならない状況にあるかどうかを吟味する

■■ どのように対抗したらよいのか

残業代の未払いについて、労働者（元労働者を含みます）から労働審判の申立てを受けたり、訴訟を起こされたりした場合には、会社としては、労働者側が主張する残業時間が、本当に労働基準法上の労働時間に該当するかどうかを検討する必要があります。労働時間とは、客観的に見て、会社側の指揮命令の下にある時間のことです。就業規則などで定める就業時間外であっても、労働時間に該当すると判断される場合があることに注意を要します。

労働時間に該当していないことを裏付ける証拠があれば、それを裁判所に提出して、労働時間にあたらないことを主張します。これに対し、労働時間に該当する場合には、それが割増賃金の支払義務がある労働時間にあたるかどうかを検討します。つまり、残業代の対象となる労働時間ではないことを証明します。たとえば、労働者側が裁量労働制や事業場外のみなし労働時間制の対象者である、管理監督者に該当する、といった主張が考えられます。その他、実際に割増賃金を支払っていれば、その事実を主張することも必要です。

なお、年俸制に関しては、年俸制を導入しているから残業代の支払義務を免れるわけではない点に注意を要します。

■■ どんな証拠が出されるのか

労働審判の申立てや訴訟提起が行われた場合、雇用契約（労働契約）が成立していることの証拠として、労働者側から雇用契約書や給与明細書、業務報告書などの書面が裁判所に提出されます。そして、

時間外労働手当や休日労働手当に関する取り決めがどのようになっていたかを裏付ける証拠が提出されます。具体的には、就業規則もしくは賃金規程、雇用条件が記載された書面などです。また、実際に時間外労働や休日労働を行った事実を証明するものとして、タイムカードや業務日報などが提出されます。

■■ 会社は何を立証するのか

　会社側としても、タイムカードや就業規則、雇用契約書、労使協定の書面に記載した内容が、労働者側が主張する残業時間に該当しないことを証明できるものであれば、裁判所に提出します。

　労働者側が主張する残業時間が労働時間に該当するとしても、割増賃金の対象となる労働時間に該当しないことを証明するためには、たとえば、訴訟を起こした労働者が、裁量労働制や事業場外のみなし労働時間制の対象者である場合や、管理監督者である場合には、その事実を裏付ける証拠を用意します。また、長期間の未払い分を請求してきた場合には、請求の対象となる残業時間に対応する残業代の請求権が3

■ 不払いの残業代の訴訟で主張する事項 ……………………………

労働者・
元労働者

不払いの残業代の請求 →

← 抗弁

会社

労働者・元労働者の
主張（請求）

残業したのに
支払ってくれない

会社の主張（抗弁）

残業の事実がない
労働基準法上の労働時間に該当しない
裁量労働制である
割増賃金を支払っている
事業場外みなし労働時間制である
原告は管理監督者である
請求された分は消滅時効が成立している

第2章 ◆ 労務管理のリスクと対策　51

年間（退職金については５年間です）の時効期間（48ページ）を経過しているかどうかを確認し、経過している場合は消滅時効を援用します。

　残業時間があったことを証明する資料としては、労働者側からタイムカードや業務日報、報告書などが提出されることが多いのですが、それがない場合には、労働者が日々つけていた日記やメモ、あるいはメールの記録などが証拠として提出されることもあります。個人的な日記や手帳などは、決定的な証拠とはならないこともありますが、その日記や手帳などを会社側が作成させていた場合や、上司などが内容を確認していた場合には、証拠としての信用性が高くなります。

　そして、会社側に客観的な証拠がない場合、裁判では不利な状況になることに注意してください。たとえば、タイムカードなどの証拠を労働者側がそろえているような場合で、会社側に反証できるものがなく、労働者側も残業時間を立証できる証拠がないときです。この場合、本来会社側に労働時間管理の記録義務があるため、会社にも記録がないことになると会社が不利な状況になるのです。

▓ 管理監督者と認められるための条件

　会社が訴訟を起こしてきた労働者を管理監督者として扱っていた場合、管理監督者に該当すると認められ、残業代を支払わなくてもよくなるのは、次の条件を満たした場合に限られます。

・与えられた職務内容、権限、責任が管理監督者にふさわしいもので、労務管理などについて経営者と一体の立場にあること
・勤務態様や労働時間にある程度の裁量が認められていること
・管理監督者としてふさわしい待遇を受けていること

　以上の条件を満たしておらず、役職の名称だけが管理監督者のような扱い（支店長、部長、課長、店長など）になっている者は、管理監督者とは認められません。また、管理監督者に対しても深夜労働の分は支払う義務があります。

7 ストレスチェックについて 知っておこう

定期健康診断のメンタル版といえる制度

■■ どんな制度なのか

近年、仕事や職場に対する強い不安・悩み・ストレスを感じている労働者の割合が高くなりつつあることが問題視されています。

こうした状況を受けて、「職場におけるストレスチェック（労働者の業務上の心理的負担の程度を把握するための検査）」が義務化されています。ストレスチェックの目的は、労働者自身が、自分にどの程度のストレスが蓄積しているのかを知ることにあります。自分自身が認識していないうちにストレスはたまり、その状態が悪化してしまうと、うつ病などの深刻なメンタルヘルス疾患につながってしまいます。そこで、ストレスが高い状態の労働者に対して、場合によっては医師の面接・助言を受けるきっかけを作るなどにより、メンタルヘルス疾患を未前に防止することがストレスチェックの最大の目的です。

会社が労働者のストレス要因を知り、職場環境を改善することも重要な目的です。職場環境の改善とは、仕事量に合わせた作業スペースの確保、労働者の生活に合わせた勤務形態への改善などが考えられます。また、仕事の役割や責任が明確になっているか、職場での意思決定への参加機会があるかの他、作業のローテーションなども職場環境の改善に含まれます。このような環境改善によって、労働者のストレスを軽減し、メンタルヘルス不調を未然に防止することが大切です。

ストレスチェックは定期健康診断のメンタル版です。会社側が労働者のストレス状況を把握することと、労働者側が自身のストレス状況を見直すことができる効果があります。

具体的には、労働者にかかるストレスの状態を把握するため、アン

第２章 ◆ 労務管理のリスクと対策　53

ケート形式の調査票に対する回答を求めます。調査票には、仕事状況や職場の雰囲気、自身の状態や同僚・上司とのコミュニケーション具合など、さまざまな観点の質問が設けられています。ストレスチェックで使用する具体的な質問内容は、会社が自由に決定できますが、厚生労働省のホームページから「標準的な調査票」を取得することも可能です。ストレスの状況は、職場環境に加え個人的な事情や健康など、さまざまな要因によって常に変化します。そのため、ストレスチェックは年に1回以上の定期的な実施が求められています。

■■ どんな会社でもストレスチェックが行われるのか

　労働者が常時50人以上いる事業場はストレスチェックの実施が義務とされています（令和8年中に50人未満の事業所についても実施を義務付ける方向で議論が進められています）。ストレスチェックを義務付けられた事業所のうち、ストレスチェックの受検率は、実際に受検した労働者の割合が8割を超える事業場が89.6％となっています（令和5年10月現在）。

　対象となる労働者は、常時雇用される労働者で、一般健康診断の対象者と同じです。無期雇用の正社員に加え、1年以上の有期雇用者のうち労働時間が正社員の4分の3以上である者（パートタイム労働者やアルバイトなど）も対象です。派遣労働者の場合は、所属する派遣元で実施されるストレスチェックの対象になります。

　なお、健康診断とは異なり、ストレスチェックを受けることは労働者の義務ではありません。しかし、ストレスチェックはメンタルヘルスの不調者を防ぐための防止措置であるため、会社は拒否をする労働者に対して、ストレスチェックによる効果や重要性について説明した上で、受診を勧めることが可能です。

　ただし、あくまでも「勧めることができる」だけであり、ストレスチェックを強制することは許されません。また、ストレスチェックを

拒否した労働者に対して、会社側は減給や賞与のカット、懲戒処分などの不利益な取扱いを行ってはいけません。反対に、ストレスチェックによる問題発覚を恐れ、労働者に対してストレスチェックを受けないよう強制することもできません。

■■ ストレスチェック実施時の主な流れ

ストレスチェックについては、厚生労働省により、前述の調査票をはじめとしたさまざまな指針などが定められています。特に、労働者が安心してストレスチェックを受けて、ストレス状態を適切に改善していくためには、ストレスという極めて個人的な情報について、適切に保護することが何よりも重要です。

そのため、会社がストレスチェックに関する労働者の秘密を不正に入手することは許されず、ストレスチェック実施者等には法律により守秘義務が課され、違反した場合には刑罰が科されます。

その具体的な内容については、次のようなものです。

■ ストレスチェックの対象労働者 ……………………………………

事業所規模	雇用形態	実施義務
常時 50人以上	正社員	義務
	非正規雇用者（労働時間が正社員の3/4以上）	義務
	上記以外の非正規雇用者、1年未満の短期雇用者	義務なし
	派遣労働者	派遣元事業者の規模が50人以上なら義務
常時 50人未満	正社員	努力義務
	非正規雇用者（労働時間が正社員の3/4以上）	努力義務
	上記以外の非正規雇用者、1年未満の短期雇用者	義務なし
	派遣労働者	派遣元事業者の規模が50人未満なら努力義務

第2章 ◆ 労務管理のリスクと対策　55

① 会社は医師、保健師その他の厚生労働省令で定める者（以下「医師」という）による心理的負担の程度を把握するための検査（ストレスチェック）を行わなければならない。

② 会社はストレスチェックを受けた労働者に対して、医師からのストレスチェックの結果を通知する。なお、医師は、労働者の同意なしでストレスチェックの結果を会社に提供してはならない。

③ 会社はストレスチェックを受けて医師の面接指導を希望する労働者に対して、面接指導を行わなければならない。この場合、会社は当該申し出を理由に労働者に不利益な取扱いをしてはならない。

④ 会社は面接指導の結果を記録しておかなければならない。

⑤ 会社は面接指導の結果に基づき、労働者の健康を保持するために必要な措置について、医師の意見を聴かなければならない。

⑥ 会社は医師の意見を勘案（考慮）し、必要があると認める場合は、就業場所の変更・作業の転換・労働時間の短縮・深夜業の回数の減少などの措置を講ずる他、医師の意見の衛生委員会等への報告その他の適切な措置を講じなければならない。

⑦ ストレスチェック、面接指導の従事者は、その実施に関して知った労働者の秘密を漏らしてはならない。

▓▓ 届出や報告などは不要なのか

　常時50人以上の労働者を使用する事業場において、ストレスチェックを1年に1回実施する必要があります。実施時期については指定されていないため、会社の都合で決定することができます。繁忙期や異動が多い時期は避ける傾向にあるようですが、一般的には、定期健康診断と同時に行われているようです。また、頻度についても年に1回と定められているだけで、複数回実施することも可能です。

　ストレスチェックを実施した後は「心理的な負担の程度を把握するための検査結果等報告書」を労働基準監督署長へ提出しなければなり

ません。検査結果等報告書には、検査の実施者は面接指導の実施医師、検査や面接指導を受けた労働者の数などを記載します。ただし、ここで記載する面接指導を受けた労働者の人数には、ストレスチェック以外で行われた医師の面談の人数は含みません。

また、提出は事業場ごとに行う必要があるため、事業場が複数ある会社が、本社でまとめて提出するという形をとることは不可能です。

なお、雇用労働者が常時50人未満の会社の場合は、そもそもストレスチェックの実施が義務付けられていないため、報告書の提出義務はありませんでしたが、令和8年中に50人未満の事業所についても実施を義務付ける方向で議論が進められています。

■■実施しなくても罰則はないのか

ストレスチェックを実施しなかった場合の罰則規定は特に設けられていません。ただし、労働基準監督署長へ検査結果等報告書を提出しなかった場合は、罰則規定の対象になります。なお、ストレスチェックを実施しなかった場合においても、労働基準監督署長へ報告書を提出しなければなりません。

■ ストレスチェックの流れ

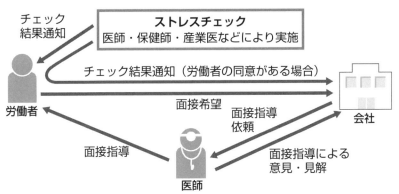

8 セクハラについて知っておこう

セクハラには対価型と環境型がある

■■ どのような分類がなされているのか

　職場におけるセクハラ（セクシュアル・ハラスメント）とは、職場における性的な言動により、労働者の就業環境を害することです。

　職場におけるセクハラは、①対価型（性的関係の要求を拒否した場合に労働者が不利益を被る場合）、②環境型（就業環境を不快にすることで、労働者の就業に重大な支障が生じる場合）に分類されることが多いといえます。

　たとえば、上司が部下に対して性的な関係を要求したものの、拒否されたことを理由に、その部下を解雇する場合や降格させる場合、配置転換する場合などが対価型セクハラの例です。自分自身に対する性的な嫌がらせだけでなく、日常的に他の部下に性的な嫌がらせをする上司に対して、そのような行為をやめるよう抗議したことを理由に、上司が抗議をした部下を解雇または降格とした場合なども、対価型セクハラに含まれます。

　これに対し、事務所内でのヌードポスターの掲示といった行為により、労働者の就業に著しい不都合が生じる場合が環境型セクハラの例です。その他、上司が部下に抱きつき苦痛を感じさせることや、女性労働者の胸や腰を触るなどの直接的な身体接触を伴う行為も、環境型セクハラに分類されます。

　また、直接的な接触はなくても、労働者に対する性的な経験や外見、身体に関する事柄について発言する場合や、取引相手に対して他の労働者の性的な事項に関する噂を流すことで、その取引に支障を生じさせる場合なども、環境型セクハラにあたります。

■■ 注意しなければならない点とは

　ある言動がセクハラにあたるかどうかの判断については、男女の認識の仕方によってもセクハラと感じるかどうかは変わります。そのため、労働者の感じ方を重視しつつも、一定の客観性を保った上で、セクハラにあたるかどうかを判断することが必要です。

　なお、セクハラの場合、男性（加害者）から女性（被害者）に対するセクハラが目立ちますが、女性から男性に対するセクハラや、同性から同性に対するセクハラも存在します。事業主は男性労働者もセクハラ被害を受けないような体制を構築しなければなりません。具体的には、事業主は、社内ホームページ・社内報・就業規則などに、職場におけるセクハラに対する方針や、セクハラにあたる言動を明示して労働者に広く知らせる必要があります。また、セクハラの相談窓口や相談マニュアルも用意しておくことが必要です。

■■ 会社にはセクハラ防止義務がある

　会社内でセクハラが行われた場合、セクハラを行った本人が法的責任を負うことは当然です。しかし、セクハラを防止できなかったことを理由に、会社も法的責任を負うことがあります。

■ セクハラにあたる行為 ……………………………………………………

> **①言葉によるもの**
> 性的な冗談やからかい、食事・デートへの執拗な誘い、意図的に性的な噂を流す、性的な体験等を尋ねる
>
> **②視覚によるもの**
> ヌードポスターを掲示する、わいせつ図画を配布する
>
> **③行動によるもの**
> 身体への不必要な接触、性的関係の強要

第 2 章 ◆ 労務管理のリスクと対策　　59

男女雇用機会均等法11条は、職場において行われる性的な言動に対する労働者の対応により労働者が不利益を受け、労働者の就業環境が害されることのないよう、事業主が必要な体制の整備その他の雇用管理上必要な措置を講じなければならないと定めています。この規定により、会社（事業主）はセクハラを防止する措置を講じる義務を負います。また、厚生労働省が発表している「事業主が職場における性的な言動に起因する問題に関して雇用管理上講ずべき措置についての指針」では、事業主が講ずべきセクハラ対策について措置の内容が紹介されています。

■■ 会社側はどんな責任を負うのか

　セクハラの加害者は、不同意わいせつ罪（刑法176条）などの刑事上の責任を負う可能性があります。さらに、民事上の責任として、不法行為（民法709条）に基づき、加害者は被害者が受けた精神的損害などを賠償する責任を負います。この他、セクハラが就業規則に定める懲戒事由に該当する場合、加害者は勤務している会社から懲戒処分を受けることになります。

　一方で、セクハラによる被害が明らかになった場合、会社も法的責任を負います。まず、民事上の責任として、会社は使用者責任（民法715条）を負います。使用者責任とは、従業員が職務中の不法行為により他人に損害を与えた場合に、使用者である会社もその従業員とともに損害賠償責任を負うという法的責任です。

　また、会社は、従業員との労働契約に基づく付随義務として、従業員が働きやすい労働環境を作る義務を負っています。しかし、セクハラが行われる職場は従業員にとって働きやすい環境とはいえないので、会社が労働契約に基づく付随義務に違反したとして、被害者に対して債務不履行責任（民法415条）を負う可能性があります。

　さらに、行政上の責任として、会社は男女雇用機会均等法に基づく

措置義務を負っています。会社内でセクハラがあり、厚生労働大臣の指導を受けたにもかかわらず、それに従わなかった場合には、会社名が公表されます。

■ セクハラが訴訟になったとき

　会社側としては、セクハラが訴訟まで発展する可能性があることを知っておかなければなりません。会社側の対応に非があったケースで、加害者本人だけでなく、会社側の使用者責任を認めた裁判例もあります。裁判で争うとなると、高度な法律知識や訴訟対策が必要ですから、会社の顧問弁護士などに相談してみるとよいでしょう。

　典型的なケースであれば、誰でもセクハラであることはわかりますが、これが果たしてセクハラになるかどうかを判断しにくいケースもあります。被害を受けた労働者側は、メモなどの記録を残す（日時、場所、話の内容、周囲の状況など）、友人や家族、信頼のおける上司に相談する、写真や音声を記録する、といった形で、セクハラの証拠を確保していることも多いですから、会社側も、加害者とされる労働者と入念に話し合いを行い、対策を立てなければなりません。

■ 被害者の加害者・会社に対する責任の追及

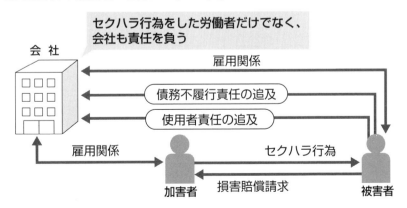

相談を受けたら何をすべきか

　実際にセクハラ被害などについて相談を受けた場合、まずは相談者からの訴えを十分に聞くことが重要です。他人に話が聞こえない場所で、必要に応じて同席者を立てて話すようにするとよいでしょう。その際、途中で「勘違いではないのか」などと相談者の話を疑うような言葉を投げかけたり、「よくある話で大したことはない」と相談者の悩みを否定するようなことをせず、最後まで十分に話をしてもらうようにしてください。不用意な対応をすると、相談者との信頼を裏切ることにもなりかねませんので、慎重に対応すべきでしょう。

　次に、必要になるのが事実確認です。たとえ被害者からの訴えであったとしても、当事者の一方の話を聞くだけで対応を決めることはできません。直接加害者とされている人に話を聞く他、事情を知っていそうな同僚などからも情報を収集します。このとき、プライバシーなどの面を考慮して相談を受けた人が直接対応することも考えられますが、会社は社内にセクハラ対策の相談窓口を設ける必要があるため、その担当者に対応をしてもらう方がよいでしょう。そして、客観的な事実を確認した場合、必要に応じて迅速に対応するとともに、同じ問題が起きないよう社内で防止策を講じるようにします。また、相談した被害者のプライバシーが侵害されたり、相談したことを理由に社内で不利益を被ることがないようにしなければなりません。

経営者や管理者の注意すべき点とは

　職場におけるセクハラ対策は事業主の義務です。厚生労働省では「事業主が雇用管理上講ずべき措置」として9つの項目を示し、会社の事情に応じた対策を実施するよう促しています。9項目の内容としては、次ページ図のようなものがあります。

■■ 事前予防するには

　セクハラを防止するために必要なことは、「どんな行為がセクハラにあたるのか」「セクハラを誘発する発言や行動にはどんなものがあるか」「セクハラ問題が起こることによってどんな影響があるのか」、ということを周知徹底することです。

① パンフレットの配布やポスターの掲示

　セクハラの具体的な事例を示したパンフレットを配布したり、セクハラを禁ずるとのポスターなどを掲示することによって意識付けをします。これにより、会社がセクハラに対して厳しい態度で臨むという姿勢を示すことができます。パンフレットやポスターには、セクハラが働きにくい職場環境を作る原因になってしまうこと、それにより職

■ 事業主が講ずべきセクハラ対策 ……………………………………

① セクシュアル・ハラスメントの内容や、セクシュアル・ハラスメントがあってはならない旨の方針を明確化し、周知・啓発すること

② 行為者については、厳正に対処する旨の方針や、具体的な懲戒処分などの内容を就業規則等に規定し、周知・啓発すること

③ 相談窓口をあらかじめ定めること

④ 窓口担当者は、内容や状況に応じ適切に対応できるようにすること。また、広く相談に対応すること

⑤ 相談の申し出があった場合、事実関係を迅速かつ正確に確認すること

⑥ 事実確認ができた場合は、行為者および被害者に対する措置をそれぞれ適切に行うこと

⑦ 再発防止に向けた措置を講ずること

⑧ 相談者・行為者等のプライバシーを保護するために必要な措置を講じ、周知すること

⑨ 相談したこと、事実関係の確認に協力したこと等を理由として不利益取扱いを行ってはならない旨を定め、周知すること

第 2 章 ◆ 労務管理のリスクと対策　63

場のモラルが低下するおそれがあり、通常の業務の遂行に影響を与えかねない重要な問題であることを示す必要があります。

そして、会社がセクハラに対して毅然とした対応を採ることを端的に示し、セクハラを行った社員（労働者）に対しては、就業規則に照らして厳重な懲戒処分を行うことを示すとよいでしょう。あわせて、セクハラの問題が生じた場合に、被害者が相談や苦情を申し立てることができる窓口を記入しておくことも重要です。

② 研修会の開催

社員教育の一環として、セクハラ防止の研修会を行います。社員のセクハラに対する認識度を図り、セクハラにあたる言動をしないよう注意喚起する他、セクハラの被害者となった場合の対処方法、セクハラ問題が起こることによって職場に与える影響などを指導します。

③ アンケートを実施して社内の状況を把握する

セクハラの実態を知るためのアンケート調査を実施します。これにより、社員のセクハラに対する認識度を図り、セクハラの自覚のない加害者や、声を出せない被害者の存在を把握し、被害の拡大を防止する効果を期待することができます。

■ セクハラを防止するための対策

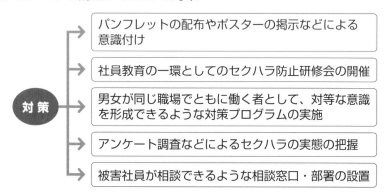

9 マタニティハラスメントについて知っておこう

妊娠や出産に関する差別は禁止されている

■■マタハラとは何か

　マタニティハラスメント（マタハラ）とは、妊娠・出産・育児休業などに関係するさまざまな嫌がらせのことです。たとえば、採用の際に「妊娠・出産の予定はないか」と質問する、産前産後休業や育児休業を請求するとあからさまに嫌な顔をする、職場復帰の際に勤務を継続できないような遠隔地の部署への異動を言い渡す、「妊娠・出産すると残業や出張ができないから困る」などと言い、遠回しに退職を勧奨するといったことが挙げられます。

　この他、妊娠で体調を崩し短時間勤務や職場変更を求めている女性について、「妊娠は病気ではない」などと言って要求を拒否する、非正規雇用の女性について、妊娠や出産を理由に契約更新をしないといったこともマタハラに該当します。なお、マタハラの性質上、被害者は女性であることがほとんどですが、育児休業の取得などに関して男性が被害者となる場合もあります。

■■不利益取扱いについての問題

　労働者の妊娠・出産に伴う給料の減額や配転のすべてが、マタハラや不利益取扱いであると評価されるわけではありません。

　会社側が「妊娠したことによって十分に働けないから給与を40％減額する」と一方的に言い渡すケースは、マタハラや不利益取扱いに該当しますが、会社側が妊娠中の労働者の体調を気遣い、業務の量や内容などについて話し合いを持って、合意の上で出勤日数を減らして給料を適切に減額するという措置は、マタハラや不利益取扱いに該当せ

第2章 ◆ 労務管理のリスクと対策　　65

ず、労働者の妊娠・出産に対して理解を示している企業側の姿勢として、むしろ好ましい措置だといえます。たとえば、妊娠中の労働者について、それ以前の業務量と体調の変化などの負担を考慮した結果、妊娠以前よりも業務量を40％減らすことで無理なく業務の継続が可能である旨の合意をしており、それが労働者の自由な意思に基づく合意であれば、不利益取扱いとは評価されません。

■■ 妊娠を理由とする降格を違法とする最高裁判決

「妊娠をきっかけとする降格は、特段の事情がない限り、男女雇用機会均等法に違反する」と判断した最高裁判決（平成26年10月23日）があります。原告の女性は副主任のポストに就いていましたが、妊娠時に負担の軽い業務への異動を希望したところ、異動と同時に副主任の任を解かれました。そして、育児休業終了後も副主任に戻されなかったため、原告の女性は「妊娠を理由とした降格で均等法違反である」として、勤務先を相手取り損害賠償などを求めて提訴しました。

最高裁は「降格について女性の明確な同意はなく、事業主側に特段の事情があるとは言い切れない」として判断しました。企業側としては、最高裁判決を重く受けとめ、「どのような働き方を望んでいるか」という点について妊娠・出産をした労働者と話し合い、あわせて職場環境の整備や、男女雇用機会均等法や育児・介護休業法などに準じた労務管理の徹底を進めなければなりません。

■■ どのように予防したらよいのか

企業は、厚生労働省が示したハラスメントの指針に従って、ハラスメント対策をとることが求められます（次ページ図参照）。

■ 厚生労働省のマタハラ指針によるマタハラの分類と具体例 ……

企業が講じるべき措置	具体的な内容
① 方針等の明確化およびその周知・啓発	・職場におけるマタハラの内容、妊娠・出産等に関する否定的な言動がマタハラの原因や背景となり得ること、マタハラを行ってはならない旨の方針を明確にする ・妊娠・出産等に関する制度等を利用できる旨を明確にする ・厳正に対処する旨の方針および対処の内容を、就業規則などに規定し、管理監督者を含む労働者へ周知・啓発する
② マタハラに関する相談（苦情を含む）に応じて適切に対応するために必要な体制の整備	・相談窓口をあらかじめ定めて労働者に周知 ・相談窓口の担当者が相談に対してその内容や状況に応じて適切に対応できるようにする
③ マタハラに関する事後の迅速かつ適切な対応	・事実関係を迅速かつ正確に確認する ・マタハラの事実が確認できた場合には、速やかに被害者に対する配慮のための措置を適正に行うとともに、マタハラの行為者に対する措置を適正に行う ・改めてマタハラに関する方針を周知・啓発する等の再発防止に向けた措置を講じる（マタハラの事実が確認できなかった場合も、同様の措置を講じる）
④ マタハラの原因や背景となる要因を解消するための措置	・業務体制の整備など、その企業や妊娠等をした労働者、その他の労働者の実情に応じて、適切な業務分担の見直しや業務の点検による業務の効率化等、必要な措置を講ずる
⑤ ①から④までの措置と併せて講ずべき措置	・相談への対応やマタハラに関する事後の対応にあたっては、相談者・行為者等のプライバシー保護のために必要な措置を講ずるとともに、その旨を労働者に対して周知する ・労働者がマタハラに関する相談等をしたことを理由として、解雇その他不利益な取扱いをされない旨を定め、労働者に周知・啓発する

第2章 ◆ 労務管理のリスクと対策　67

10 パワーハラスメントについて知っておこう

会社にはパワハラ防止のための措置義務が課せられている

■ パワハラの定義

　労働施策総合推進法によると、職場におけるパワーハラスメント（パワハラ）とは、「職場において行われる優越的な関係を背景とした言動であって、業務上必要かつ相当な範囲を超えたものによりその雇用する労働者の就業環境が害される行為」と定義されています。パワハラの定義の詳細については、厚生労働省の「事業主が職場における優越的な関係を背景とした言動に起因する問題に関して雇用管理上講ずべき措置等についての指針」（パワハラ指針）に規定があります。

① 職場での優位性（優越的な関係）について

　職場内の優位性を背景にして相手に苦痛を与えるなどの行為がパワハラにあたります。典型例は上司から部下への言動ですが、年齢や職歴に限らず、同僚間であっても、職場内における人間関係の広さや専門的な知識・技能など、何らかの優位性を背景に相手に苦痛を与える言動をすれば、パワハラにあたります。部下の上司に対する言動がパワハラにあたることもあります。

② 業務の適正な範囲について

　上司の部下への指導や注意のすべてがパワハラにあたるわけではありません。特に管理職の労働者（管理者）は、他の労働者を教育・指導するのが業務であるため、教育・指導をする上で部下の業務遂行について叱責せざるを得ない状況もあるでしょう（作業中の危険行為に対する叱責など）。そのため、適正な業務として行われる教育・指導と、許されない行為であるパワハラとを区別することが重要です。

③ 就業環境が害されること

「就業環境が害される」とは、行為を受けた者が、身体的・精神的損害を受けることで、労働者の就業環境が不快なものとなったため、能力の発揮に重大な悪影響が生じるなど、就業する上で看過できない程度の支障が生じることを意味します。

また、令和2年6月施行の労働施策総合推進法の改正により、事業主に対してパワハラ防止のための雇用管理上の措置が義務付けられました（中小企業も令和4年4月に義務化）。具体的には、パワハラ防止のための事業主方針の策定・周知・啓発、相談・苦情に対する体制の整備、相談があった場合の迅速かつ適切な対応や被害者へのケアおよび再発防止措置の実施などが求められることになります。

■■ 具体的なパワハラの類型

職場におけるパワハラの代表的な類型として以下の6つがあり、いずれも優越的な関係を背景に行われたことが前提です。なお、個別の事案において職場におけるパワハラに該当するかどうかを判断するには、その事案におけるさまざまな要素を総合的に考慮することが必要です。一見するとパワハラに該当しないと思われるケースであっても、広く相談に応じる姿勢が求められます。

① 身体的な攻撃

暴行や傷害が該当します。たとえば殴打、足蹴りを行ったり、物を投げつけたりする行為が考えられます。

② 精神的な攻撃

相手の性的指向や性自認に関する侮辱的な発言を含め、人格を否定するような言動や、業務上の失敗に関する必要以上に長時間にわたる厳しい叱責、他人の面前における大声での威圧的な叱責などが該当すると考えられます。

第2章 ◆ 労務管理のリスクと対策　69

③　人間関係からの切り離し

　自分の意に沿わない相手に対し、仕事を外し、長期間にわたって隔離する、または集団で無視して孤立させることなどが該当すると考えられます。

④　過大な要求

　業務上明らかに不要なことや遂行不可能なことの強制が該当します。必要な教育を施さないまま新卒採用者に対して到底達成できないレベルの目標を課す、上司の私的な用事を部下に強制的に行わせること、などが該当すると考えられます。

⑤　過小な要求

　業務上の合理性なく能力・経験・立場とかけ離れた程度の低い仕事を命じることなどが該当します。自ら退職を申し出させるため、管理職に対して雑用のみを行わせることなどが該当すると考えられます。

⑥　個の侵害

　私的なことに過度に立ち入ることが該当します。合理的な理由なく従業員を職場外でも継続的に監視したり、業務上入手した従業員の性的指向・性自認や病歴、不妊治療等の機微な情報を、本人の了解を得ずに他の従業員に漏えいしたりすることが該当すると考えられます。

■　パワハラ防止法とは　……………………………………………

パワハラ防止法（労働施策総合推進法）

　　　令和２年６月１日施行の改正法…大企業を対象
　　　令和４年４月１日施行の改正法…中小企業も対象

企業（事業主）は主な以下のパワハラ防止義務を負う

義務①　事業主の方針等の明確化及びその周知・啓発
義務②　相談に応じ、適切に対応するために必要な体制の整備
義務③　職場におけるパワハラについて事後の迅速かつ適切な対応
義務④　相談者・行為者等のプライバシー保護　など

■■ パワハラに該当する事例

パワー・ハラスメントに該当するかどうかは個別に判断する必要があります。また、パワハラと指導の区別がつきにくいという特徴もあります。

たとえば、労働者の育成のために現状よりも少し高いレベルの業務を与えることはよくあることです。しかし、それを達成できなかった場合に厳しく叱責するなどはパワハラに該当することがあります。

逆に、労働者の能力不足を理由に一定程度の業務内容や業務量の軽減を行うことは、必ずしもパワハラには該当しません。しかし、退職勧奨や嫌がらせが目的であるときはパワハラに該当します。

■ パワハラ指針におけるパワハラ行為の６類型に関する具体例 …

① 身体的な攻撃	【具体例】 殴打、足蹴り、物を投げつける 【非該当例】誤ってぶつかる
② 精神的な攻撃	【具体例】 人格を否定する言動、長時間の叱責、威圧的な叱責など 【非該当例】遅刻などを繰り返す者への一定程度の強い注意など
③ 人間関係からの切り離し	【具体例】 意に沿わない者を仕事から外す、別室に隔離する、集団で無視するなど 【非該当例】新規採用者に対する別室での研修の実施など
④ 過大な要求	【具体例】 業務とは無関係の雑用処理の強制など 【非該当例】繁忙期に通常より多くの業務処理を任せることなど
⑤ 過小な要求	【具体例】 気に入らない者に仕事を与えないことなど 【非該当例】能力に応じた一定程度の業務量の軽減など
⑥ 個の侵害	【具体例】 労働者の社内・社外での継続的な監視、写真撮影など 【非該当例】労働者への配慮を目的とする家族の状況などに関するヒアリング

11 パワハラ対策としてどんなことをすればよいのか

パワハラ予防の研修を行うとともに、実際に起きた場合の調査体制を整える

■■ 会社としてパワハラ対策を行うことが必要

　パワハラについて会社が何らの対策を講じないとすれば、パワハラの加害者だけでなく、会社も使用者責任や債務不履行責任といった法的責任を問われることがあります。

　また、令和元年（2019年）成立の労働施策総合推進法の改正で、パワハラ防止に向けた雇用管理上の措置義務が会社（事業主）に課せられましたが、この措置義務に違反する会社は、厚生労働大臣の勧告・公表の対象となります。

■■ 従業員や管理職への周知徹底・教育研修

　パワハラを防止するために、会社がパワハラに対して毅然とした態度を示すことを明らかにし、その上で従業員に対してどのような教育研修を行うかを検討する必要があります。

　次に、就業規則や従業員の心得の中にパワハラ防止のための項目を作成することが必要です。パワハラの定義、パワハラの具体例、パワハラの加害者にはどのような処分（懲戒処分など）をするか、パワハラの被害者にはどのような措置を講じるかなどを記載します。就業規則の本則にパワハラに関する詳細な規程まで盛り込むと、就業規則が膨大になるので、別途ハラスメント防止規程などを作成し、他のハラスメントを含めて詳細なルールを定めるとよいでしょう。

　就業規則などの文書に記載した後には、従業員に対する研修の実施が必要です。

　従業員に対する研修は、管理職とその他の一般の社員を分けて行い

ます。従業員を直接指揮監督する管理職に対する研修では、自分自身がパワハラの加害者になる可能性があることを意識させる内容の研修を行うことが必要です。逆に、一般の従業員に対する研修では、パワハラの被害者となった場合にはどうするか、同僚からパワハラの相談を受けた場合の対応方法などを中心に研修などを行います。パワハラは、人権問題などとの関連が深いため、パワハラ研修を他分野の研修と同時に行うことが、より効率的・効果的であると厚生労働省などが推奨しています。

　また、パワハラに関する相談窓口を設置し、すべての従業員が利用できるよう周知しておくことが重要です。相談窓口の担当者には、プライバシー保護含めて適切な対応ができるよう教育することも必要です。

■■ 社内調査をしっかり行う

　社内で行うパワハラに関する調査には、事前の調査と、パワハラが起きた後に行う事後調査とがあります。

　まず事前調査の方法としては、社内でアンケートなどを行い、職場のパワハラの実態について把握し、予防・解決のための課題を検討します。また、会社の従業員が、現段階でパワハラに対してどのような認識をもっているのかを把握できれば、会社の実態に則した対策を立てることができます。従業員に対する調査では、過去にパワハラがあったか、現在パワハラが行われている場合には、具体的に被害者はどのような被害を受けているのか、パワハラ対策として会社に要望することはあるか、といった項目を挙げて従業員に回答させます。一方、管理職に対する調査では、一般の従業員と比べて、管理職はパワハラを行いやすい立場にあるので、異なる項目の調査が必要になります。

　パワハラ問題で一番難しいのは、事案発生後に行う、事実関係についての事後調査です。相談窓口の担当者、あるいはパワハラ対策委員会などが、被害者と加害者の双方から事情を聴取して事実関係を見極

第2章 ◆ 労務管理のリスクと対策　　73

めることが重要です。

　調査の担当者は、パワハラの加害者とされた人の言動を、聞き取りから客観的かつ時系列的に整理し、判定する必要があります。

　なお、調査を行ってもパワハラの事実関係を確認できず、調査を終わらせることもあり得ます。ただし、その際には、パワハラを受けた被害者とされる相談者に対しては、十分に調査を実施した上で調査を終了させ、会社としての対応を終えることを説明することが大切です。もし、それ以上の調査を相談者が求めてきても、会社としてはそれに応じる必要はありません。その後、相談者が労働局や裁判所などの公的な機関に訴える可能性を会社として想定しておく必要があります。

■■ 専門家を入れて体制を強化する

　弁護士など労働問題の専門家を入れてパワハラ問題に対応することも必要です。専門家は、弁護士でなくても、心理カウンセラーや社労士など労働問題に対する専門的知識をもっている人であれば問題はありません。パワハラ問題に対応する場合には、最初は社内で解決することを考えますが、パワハラに対する知識をもち、カウンセラーの役割ができる人材を社内で確保できるとは限りません。その場合には、外部の専門家を招いてパワハラ問題に取り組むことになります。数多くの労働問題を扱ってきた専門家は、一般的にどのようなパワハラ対策が行われており、どのような対策が効果的かといったノウハウを持っています。

　ただし、ここで気をつけなければならないことは、外部の専門家にパワハラ対策を任せきりにしてはいけないということです。それぞれの会社の事情に応じてパワハラの性質は異なっています。そのため、会社の詳しい内部事情を知らない外部の専門家だけで、その会社にあったパワハラ対策を立てることはできません。

カスタマーハラスメントとはどのような行為なのでしょうか。カスタマーハラスメントにあたるかどうかの判断基準について教えてください。

厚生労働省によれば、カスタマーハラスメント（カスハラ）とは、「顧客等（顧客・取引先）からのクレーム・言動のうち、当該クレーム・言動の要求の内容の妥当性に照らして、当該要求を実現するための手段・態様が社会通念上不相当なものであって、当該手段・態様により、労働者の就業環境が害されるもの」をいいます。簡単にいえば、顧客等からの著しい迷惑行為を指すといえます。

カスタマーハラスメントの具体例としては、企業が提供する商品やサービスに欠陥やミスが認められないにもかかわらず、従業員に対して、言いがかりをつける、威圧的な言動をする、暴言や中傷、脅迫などの精神的な攻撃をする、暴力などの身体的な攻撃をする、土下座の要求をする、差別的な言動をする、などが挙げられます。

●**カスタマーハラスメントにあたるかどうかの判断基準**

たとえば、小売店で、お客様から、購入した商品が壊れていたという苦情があったというケースで、従業員が謝罪をした上で、すぐに商品の交換または返金の対応をする旨をお客様に伝えたところ、「商品の交換や返金だけでは気が済まないし、謝罪も足りない。従業員や店長が土下座をして謝罪するべきだ」と言われたとします。このような要求はカスタマーハラスメントであるとして、拒否しても問題はないでしょうか。

カスタマーハラスメントに該当するかどうかについては、企業や業界ごとにさまざまな判断基準が存在しますが、厚生労働省の「カスタマーハラスメント対策企業マニュアル」では、一つの尺度として、カスタマーハラスメントの判断基準を示しています。それは、①顧客等が要求する内容が妥当なものといえるか、②顧客等の要求を実現する

ための手段や態様が社会通念に照らして相当な範囲といえるか、という観点で判断することが考えられるとしています。

前述のケースでは、まず、顧客の購入した商品が壊れていたという欠陥があるため、①顧客が謝罪や商品の交換や返金を要求することは妥当なもので、お店側はその要求に応じる必要があるといえます。

しかし、単なる謝罪や商品の交換・返金だけでなく、従業員や店長に土下座を要求するのは、相手方に屈辱感を与える威圧的・暴力的な要求であり、明らかに行き過ぎな要求であるため、②手段・態様が社会通念に照らして相当な範囲とはいえません。刑法上の強要罪に該当する可能性もあります。したがって、土下座の要求はカスタマーハラスメントに該当すると考えられ、お店側はこの要求に応じるべきではないといえます。

●カスタマーハラスメントに対する対策

カスハラ（カスタマーハラスメント）に対する会社の対策が不十分な場合、従業員のモチベーション低下や離職につながる、従業員から会社に対して不法行為責任や債務不履行責任を追及される、などのリスクがあります。

カスハラに対する会社の対策としては、①カスハラに対する会社の基本方針・基本姿勢を明確にし、従業員に周知する、②従業員のためのカスハラ相談窓口を設置する、③カスハラへの対応手順をマニュアル化し、状況に応じて適切な対応がとれるようにする、④カスハラへの対応方法や社内ルールについて従業員に教育・研修を実施する、といった方法があります。また、実際にカスハラが発生した際には、速やかに事実関係の確認と対応を行い、従業員への配慮と再発防止の取り組みを進めていくことが重要です。

なお、令和7年（2025年）1月末日現在、労働施策総合推進法の改正で、カスハラに関する事業主の雇用管理上の措置義務を明記することが検討されています。

12 過労死・過労自殺と労災について知っておこう

労災申請は労働者と遺族の権利である

■■ 過労死とは何か

長時間労働、不規則勤務、過酷な職場環境、上司・同僚・顧客との人間関係の悪化などが肉体的・精神的に疲労（ストレス）を蓄積させ、死に至る病気を発症してしまうことがあります。これを過労死と呼んでいます。

なお、過労（過重労働）によって病気を発症し、幸いに命は取りとめたものの、半身不随や言語障害など重度の障害を負った場合も含めて「過労死」と呼ぶこともあります。

過労は労働者の健康に深刻な悪影響を及ぼし、過労死・過労自殺といった事態を招くおそれがあるため、使用者や管理職は労働者を管理する上で心身の健康への配慮を怠らないようにしなければなりません（安全配慮義務）。

■■ 過労自殺も過労死である

過労によるストレスは、労働者の肉体に疲労を蓄積させ、変調をきたす原因となるだけでなく、精神にも大きな負担をかけることになります。このような場合に発症する可能性があるのが「うつ病」です。

うつ病は「心のかぜ」などとも言われ、誰もが発症する可能性のある病気です。投薬治療などによって改善する病気であり、必要以上に恐れることはありません。しかし、その症状の一つとして、特に「自殺念慮」（自殺したいという願望を持ってしまうこと）がある点に注意を要します。過労が原因でうつ病を発症し、そのために自殺してしまうケースが多発しています。このような自殺は「過労自殺」「過労

第2章 ◆ 労務管理のリスクと対策　77

自死」などと呼ばれ、過労死の一種と認識されています。

■■ 過労死にも労災保険が適用される

　労働災害（労災）のうち「労働者の業務上の負傷、疾病、障害又は死亡」のことを業務災害といいます。過労死や過労自殺のように、一見すると業務災害とはいえないような事態でも、過重な業務への従事（過重負荷）が原因で起こったと認められれば、業務災害にあたります。過労死による労災認定は厚生労働省が具体的な基準を定めており、当該基準に当てはめて労災認定の有無が決せられます。過労死が労災であると認められると、事業者（会社）の補償能力とは関係なく、労働者の遺族は労災保険から補償を受けることができます。

　過労死した労働者の遺族が手続きをする際には、労災であることを証明する必要があるため、会社側は手続きに協力する必要があります。

■ 過労死につながりやすい勤務実態の代表例 ……………………

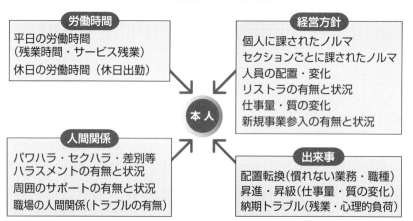

13 過労死の認定基準について 知っておこう

過重業務や異常な出来事による過重負荷の度合いが認定の基準となる

■■ 過労死の認定基準と対象疾病とは

労働者が過重な業務への従事（過重負荷）により持病が急激に悪化し、脳・心臓疾患（脳血管疾患や虚血性心疾患等）を発症して死亡した場合は、過重負荷が死亡の有力な要因であると考えられるため、過労死として労災の対象となります。

ただし、業務上使用する有害物質を起因とする疾病や業務中の事故による負傷と異なり、過労死は業務と死亡の結果との因果関係の証明が難しく労災認定されるとは限りません。労働者の死亡の原因である脳・心臓疾患の発症が自然経過によるものか、過重負荷による急激な血管病変等の増悪によるものかを判断するのは、現代の医学水準をもってしても難しいからです。

現在、過労死の労災認定については、厚生労働省の通達である「血管病変等を著しく増悪させる業務による脳血管疾患及び虚血性心疾患等の認定基準」（認定基準）に従って判断されています。

認定基準では、脳・心臓疾患は、血管病変等が長く生活をする中で徐々に形成、進行および増悪するという自然経過をたどり発症することを前提としつつ、業務による明らかな過重負荷が自然経過を超えて血管病変等を著しく増悪させる場合があることを認めています。

その上で、過労死の対象疾病である脳・心臓疾患として、①脳血管疾患は「脳内出血（脳出血）、くも膜下出血、脳梗塞、高血圧性脳症」を掲げ、②虚血性心疾患等は「心筋梗塞、狭心症、心停止（心臓性突然死を含む）、重篤な心不全、大動脈解離」を掲げています。

第2章 ◆ 労務管理のリスクと対策　79

■■ どんな要件があるのか

　認定基準では、業務において以下の①〜③の状況に置かれることで明らかな過重負荷を受け、それにより脳・心臓疾患を発症したと認められる場合に、業務に起因する疾病として取り扱うとしています。

①　異常な出来事

　発症直前から前日までの間において、発生状態を時間的・場所的に明確にし得る、次のような異常な出来事に遭遇した場合です。

・極度の緊張、興奮、恐怖、驚がくなどの強度の精神的負荷を引き起こす事態
・急激で著しい身体的負荷を強いられる事態
・急激で著しい作業環境の変化

②　短時間の過重業務

　発症に近接した時期において、特に過重な業務に就労した場合です。具体的には、発症前おおむね1週間の間に、日常業務（通常の所定労働時間内の所定業務内容）に比較して特に過重な身体的・精神的負荷を生じさせたと客観的に認められる業務に就労した場合をいいます。日常業務に比較して特に過重な身体的・精神的負荷を生じさせたと客観的に認められる業務を「過重な業務」といいます。

　そして、特に過重な業務に就労したかどうかは、業務量・業務内容・作業環境などを考慮し、同種の業務に従事する労働者にとっても、特に過重な身体的・精神的負荷が生じる業務であるか否かという観点から、客観的・総合的に判断されます。

③　長期間の過重業務

　発症前の長期間にわたって、著しい疲労の蓄積をもたらす特に過重な業務に就労した場合です。具体的には、発症前おおむね6か月間に、著しい疲労の蓄積をもたらす特に過重な業務に就労することによって身体的・精神的負荷を生じさせたと客観的に認められる場合をいいます。

　認定基準では、著しい疲労の蓄積をもたらす要因として最も重要な

要因と考えられるのが「労働時間」であるとしています。その上で、次のような形で労働時間と発症との関連性を指摘しています。

ⓐ　発症前1か月間ないし6か月間にわたり、1か月当たりおおむね45時間を超えて時間外労働時間（週当たり40時間を超えて労働した時間数）が長くなるほど、業務と発症との関連性が徐々に強まる。

ⓑ　発症前1か月間におおむね100時間または発症前2か月間ないし6か月間にわたり、1か月当たりおおむね80時間を超える時間外労働が認められる場合は、業務と発症との関連性が強いと評価できる。

▓▓ 過重業務かどうかを判断する際の考慮要素

　上記の②・③において過重業務かどうかを判断する際は、労働時間などの負荷要因を十分検討することが必要で、労働時間と労働時間以外の負荷要因を総合的に考慮します。労働時間以外の負荷要因として

▓ 業務の過重性の評価項目 ……………………………………………

評価項目とその内容
㋐ **労働時間** 　労働時間の長さ
㋑ **勤務時間の不規則性** 　拘束時間の長い勤務、休日のない連続勤務、勤務間インターバルが短い勤務、不規則な勤務・交替制勤務・深夜勤務
㋒ **事業場外における移動を伴う業務** 　出張の多い業務、その他事業場外における移動を伴う業務
㋓ **心理的負荷を伴う業務** 　認定基準の別表1・別表2を参照
㋔ **身体的負荷を伴う業務** 　身体的負荷が大きい作業の種類、作業強度、作業量、作業時間、歩行や立位を伴う状況など
㋕ **作業環境** 　温度環境、騒音

第2章 ◆ 労務管理のリスクと対策　81

は、勤務時間の不規則性、事業場外における移動を伴う業務、心理的負荷を伴う業務、身体的負荷を伴う業務、作業環境があります。

　残業は会社の残業命令に基づいて行うのが前提ですが、多くの企業では、労働者が自らの判断で長時間の残業に従事するのも少なくありません。会社が労働者の残業に積極的に関与していなくても、長時間残業の事実を知っていたか、もしくは知り得た場合は、法的責任を問われかねません。

　特に労働者が1か月に100時間以上の残業をしている場合や、「2か月平均」「3か月平均」「4か月平均」「5か月平均」「6か月平均」のいずれかが80時間を超える残業をしている場合、これらが労働基準法による時間外労働の上限規制に違反することから、会社は残業禁止命令を出すとともに、産業医の診察を受けさせるなど、メンタルヘルス不調を防止する措置を講じる必要があります。

■ **会社が行うべき過労死の予防策**

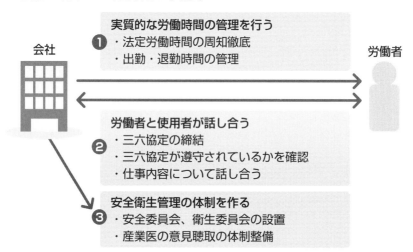

14 問題社員の解雇について知っておこう

就業規則などに解雇に関する規定がなければ社員を解雇できない

■■解雇とは

　解雇とは、会社が労働者との労働契約を解除することです。解雇には、その原因により、普通解雇、整理解雇、懲戒解雇などに分けることができます。普通解雇は適性が著しく低いと認められる場合に行われるもので、リストラによる整理解雇や懲戒処分の一つである懲戒解雇とは意味合いが異なります。

　普通解雇は、民法627条により、いつでも行うことができると規定されています。ただし、客観的に合理的な理由があり、社会通念上相当と認められるものでなければなりません（解雇権濫用法理、労働契約法16条）。なお、労働者に解雇事由を明示するとともに、使用者の解雇権の濫用を防止する観点から、就業規則等に解雇事由を明示するのが一般的です。また、解雇のたびに、一から合理性や相当性を検討するよりも、一般的に合理的な理由と社会通念上の相当性が認められる解雇事由について就業規則等で定めておいた方が、使用者としても解雇の適法性を判断しやすいといえます。

　労働者を解雇する場合、使用者は少なくとも30日前までに、解雇を予告しなければなりません。この制度を解雇予告といいます。解雇予告は口頭で伝えても法的には有効ですが、後の争いを避けるためには書面でも解雇を通知した方がよいでしょう。「解雇予告通知書」といった表題をつけ、解雇する労働者、解雇予定日、会社名と代表者名を記載した上で、解雇の理由を記載します。

　ただし、労働者に30日分以上の平均賃金を解雇予告手当として支払うことで、解雇予告を行わずに即日解雇ができます。また、やむを得

第２章 ◆ 労務管理のリスクと対策　83

ない事由のため事業継続が不可能となった場合や、労働者の帰責事由による場合は、労働基準監督署の認定を受けることで、解雇予告を行わず、解雇予告手当を支払わずに即日解雇ができます。

■■ 通常は普通解雇で対処する

問題社員にもさまざまなタイプがいますが、雇用を継続するのが難しいと判断されるケースとして、次のような社員が考えられます。
・無断欠勤や遅刻が多いなど勤怠に問題がある社員
・業務命令に従わないなど勤務態度が悪い社員
・周囲の社員との協調性に欠ける社員
・新規契約を獲得できないなど勤務成績が悪い社員
・業務に必要な能力が不足している場合

以上のケースにあてはまる問題社員を解雇する場合、よほどの事情がない限り、懲戒解雇ではなく普通解雇を選択することになるでしょう。しかし、問題社員が存在しても、就業規則や雇用契約書などに解雇に関する規定を設けていなければ、その問題社員を解雇できない点

■ 懲戒処分が可能かどうかの判定

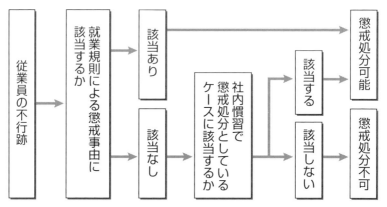

に注意を要します。解雇に関する規定がない会社で、問題社員を解雇する場合には、解雇をする前に、就業規則の変更手続きを経て解雇事由に関する規定を就業規則に盛り込むか、個々の労働者と合意して雇用契約書に解雇事由に関する規定を追加する必要があります。

そして、就業規則や雇用契約書などの解雇事由にあたると判断しても、本当に解雇事由にあたるのかを、十分に確認するようにします。解雇に合理的な理由や社会通念上の相当性がないと無効になるからです（解雇権濫用法理）。そこで、解雇に至るまでに会社側が改善指導や教育訓練をしてきたことや、配置転換をして雇用継続の努力をしてきたことを証明できる書類などをそろえておきます。さらに、解雇の根拠となる問題社員の態度や成績、能力不足などについても、それらが解雇せざるを得ない程度のものであることを示せるようにします。

■ 問題社員の解雇を検討する際の手段と検討事項

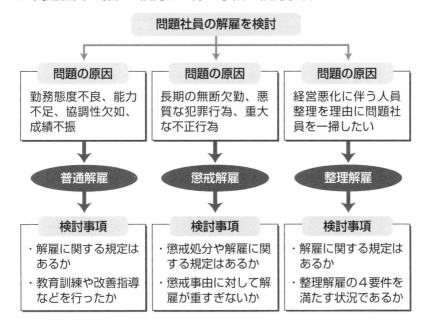

その場合、他の社員や会社の業績に対して、問題社員が悪影響を与えていることを示すという方法も有効です。

■■ ときには懲戒解雇で対処することも

　問題社員を解雇する場合、通常は普通解雇としますが、懲戒解雇としたくなるような悪質な行動を起こす問題社員もいます。ただ、問題社員がどんなにひどい言動をしていたとしても、就業規則や雇用契約書などに懲戒解雇に関する規定が置かれていない場合には、その社員を懲戒解雇にはできません。会社は、就業規則や雇用契約書などに、どのようなケースが懲戒解雇となるかを明示する必要がありますが、その内容は合理的かつ社会通念上の相当性があることが必要です。

　したがって、問題社員を懲戒解雇する場合の流れとしては、懲戒解雇に関する規定があるかどうかを確認し、規定があったときには、その内容が合理的かつ社会通念上の相当性があるかどうかを確認します。合理的かつ社会通念上の相当性があると判断できる場合には、問題社員の状況が就業規則や雇用契約書などに定めた懲戒解雇事由に該当するかどうかを判断します。そして、懲戒解雇事由に該当すると判断できるときに、はじめて問題社員を懲戒解雇とすることができます。

■■ 事業縮小などのやむを得ない事情があれば整理解雇も

　会社側が社員の雇用を維持できないような事情がある場合に行われる整理解雇の対象となる社員は、労務の提供をおろそかにしているとは限りません。整理解雇を行う場合には、問題社員を解雇する場合よりも厳しい要件をクリアしなければなりません。会社が整理解雇を行う場合には、解雇回避努力義務など、解雇に至るまでにできる限りのことを尽くしていることが必要になります。

15 従業員等との間で秘密保持契約を締結する場合

会社の重要秘密が漏えいするのを防ぐために結ぶ契約

■■ 違反した者は損害賠償などの責任を負う

私たちが何らかの事業活動に参加するときには、その事業の秘密の一端に触れる可能性があります。事業活動への参加の形としては、アルバイトや正社員、会社同士の取引に基づき他社の中で業務を行うなど、さまざまな形態があり、業務の重要性や量は異なります。しかし、学生であれ社会人であれ、一度でも仕事をしたことのあるほとんどの人が名称は違っても「秘密保持契約」を締結した経験があるはずです。

秘密保持契約とは業務で知り得た情報を外部に漏らさないことを約束する契約で、これに違反した者は損害賠償などの責任を負うことになります。たとえば、労働者が企業と雇用契約を締結するときに誓約書などの書類を提出する、ある企業がソフトウェア開発をする際に発注側と受注するシステム開発業者の間で締結する、などの方法で秘密保持契約の締結が行われています。

会社の秘密を保護するものとして、不正競争防止法という法律があるにもかかわらず、あたり前のように秘密保持契約が締結されるのはなぜでしょうか。結論から言うと、会社が大事にしている秘密は不正競争防止法だけでは守りきれないからです。不正競争防止法が保護する会社の秘密は、一定の要件を満たした「営業秘密」ですが、その要件を満たすためのハードルはかなり高く、会社が本当に大事にしている秘密でも、裁判では要件を満たしていないと判断され、不正競争防止法の保護が受けられない可能性があるのが実情です。また、会社が保有する秘密は相当数に上ります。そのすべてを法的保護が受けられるような厳重な管理下に置くには、費用も手間もかかります。

第2章 ◆ 労務管理のリスクと対策　87

このような状況にあって、会社の秘密を保護する手段として有効なのが秘密保持契約です。秘密保持契約は、不正競争防止法の保護を補完する役割を果たすだけではなく、「営業秘密」の要件の一つである秘密管理性を高めるという面でも有効とされています。厳密には業務上の秘密には該当しない情報（たとえば、電話帳などに記載されるような個人情報を含む情報）でも、それが漏えいした場合は、情報の本人に多大な損害を与えることもあり得ます。そのため、秘密保持契約の中では、個人情報を含む会社の情報を広く「秘密」に含めて、その漏えいを禁止することが一般的です。

秘密保持契約で定めるべき条項

　従業員や取引先企業と秘密保持契約を締結する場合、どのような条項を定めるべきでしょうか。ケースバイケースではありますが、少なくとも「秘密保持すべき情報の内容」「情報を開示してもよい範囲」「情報の使用目的」「契約の有効期間」「目的が達成された後の情報の取扱い」の5点は必ず定めるべきといえるでしょう。

■ 秘密保持契約と内容

中途採用者から、その人が以前働いていた会社等の情報を取得する際に、どのような点に気をつければよいのでしょうか。

中途採用者に関しては、新卒の従業員と秘密保持契約を結ぶ場合とは異なる点に注意しなければなりません。つまり、自社の秘密情報等（業務上の秘密情報や個人情報など）の漏えいなどに注意するだけでは足りません。思わぬ部分で他社（以前の勤務先など）の秘密情報等の不正取得・不正利用が問題になるのです。中途採用者が他社の秘密情報等を持っている場合があるからです。特にライバル企業など、同種の事業を運営する会社からの中途採用となると、当該中途採用者がライバル企業の重要な秘密情報等を持っているおそれがあります。

中途採用者から、このような情報を取得できれば、会社の事業運営にはプラスに働くことも少なくありません。しかし、中途採用者が他社に関する情報を開示する行為が、不正競争防止法が禁ずる営業秘密の不正開示にあたるおそれがあります。開示された情報を利用することが、営業秘密の不正使用にあたるおそれもあります。そこで、中途採用者に関しては、自社の秘密情報等に関する秘密保持契約を結ぶとともに、その契約条項の中に、他社に関する情報の開示および使用によって、他社の秘密情報等を侵害することがないように周知・徹底する条項を入れておく必要があります。

また、個別の契約に加えて、就業規則や社内規程にも秘密保持や他社の秘密情報等に関する条項を定めて、従業員がいつでも閲覧できるようにしておくべきです。詳細は後述しますが、労務管理者としては、不正競争防止法などに違反しないことを従業員に周知・徹底させるため、できる限りの手段を講じることが求められます。

秘密を保持するために、自社の秘密情報等に触れる可能性のある対象者を限定するには、具体的にどのような方法があるのでしょうか。

秘密保持を守ってもらう必要があるのは、秘密情報等（業務上の秘密情報や個人情報など）に触れる可能性がある人です。正規のアクセス権限を持っている者だけではありません。秘密情報等に触れることのある自社の従業員（正社員、アルバイト、パートなど）に加えて、派遣社員や取引先の人、退職者なども含まれます。

まず、自社の従業員であれば、就業規則などの社内規程によって秘密保持を求めることができます。しかし、派遣社員や取引先の人、退職者などについては、自社の従業員ではありませんので、就業規則などの社内規程による管理ができません。そこで、特に重要な秘密情報等については、どの秘密情報等に関する秘密保持契約を誰との間で締結するかを決定する必要があります。また、秘密情報等を共有する際は、秘密保持契約を締結すると共に、自社の従業員には教育や研修を実施して秘密管理の重要性を周知し、取引先には自社での管理方法を伝えて同等の管理を求めるなどの措置が必要です。

退職者については、退職後も一定条件で秘密保持の義務を負う旨の契約を締結することが一般的です。

派遣社員については、雇用者が派遣元であるため、その者が情報漏えいをした場合の懲戒は派遣元の就業規則に基づいて行われ、派遣先である自社が懲戒を行うことはできません。そこで、派遣元を通して派遣社員と直接秘密保持に関する契約書を個別に作成するのが望ましいでしょう。これにより、秘密保持に抵触する事態が生じても、その契約書に基づいて派遣先が違反者である派遣社員に直接責任（主に損害賠償責任）を問うことができます。

16 競業避止契約とはどんな契約なのか

役職者ではない通常の従業員に対して過度の競業避止義務を課すのは困難

競業避止義務を課す契約とは

　企業経営にとって重要な秘密情報等（業務上の秘密情報や個人情報など）の開示を受けた従業員が退職する際、秘密保持義務に加えて競業避止義務を課す契約を締結することがあります。特に情報システム部門（経営者や現場が欲する情報を必要な時に正確かつ安全に出してあげる部門）をもつ企業は、自社の情報に精通した従業員がライバル会社に転職することを極力阻止したいはずです。その場合、企業が個々の従業員との間で締結する、ライバル会社への転職を制限する内容を盛り込んだ契約を競業避止契約といいます。

　競業避止契約の内容を厳しくすると転職への抑止力が働く一方、従業員には重い足かせになることがあります。憲法が財産権の保障を規定していることを考慮すれば、企業が自社の営業秘密などの知的財産権を守りたいという欲求をもつのは当然のことです。他方、従業員が自ら培ったスキルを発揮できる環境を他社に求めて転職することも、職業選択の自由・営業の自由として憲法で保障されています。

　従業員が就業中に得た知識やスキルと、企業の営業秘密などとの区別は困難な場合が多く、どの程度の競業避止契約であれば許されるのかは難しい問題です。従業員の仕事内容などを総合的に考慮してケースごとに判断せざるを得ませんが、役職者ではない通常の従業員に対して過度の競業避止義務を課すのは困難です。

競業避止契約を結ぶ上でのポイントは

　具体的には、「競業避止契約に違反した場合は、退職金を全額返還

第2章 ◆ 労務管理のリスクと対策　　91

しなければならない」「退職後5年以内に、競業他社に転職してはならない」などの厳しい条件を定めた競業避止契約は有効か否か、という形で問題になります。裁判例では、主として、①制限の期間、②場所的範囲、③制限対象業種の範囲、④代償の有無、という4つの要素につき、使用者の利益（秘密情報等の保護）、労働者の不利益（転職の不自由）を考慮し、競業避止契約の有効性が検討されています。

　まず、①制限の期間について、多くの裁判例は「2年以内は有効であるが、それを超えると無効」としているようです。

　次に、②場所的範囲については、合理的な範囲内でのみ競業を制限するものでなければなりません。勤務していた事業所の同一市区町村や都道府県を設定するケースが多いです。たとえば、東京の会社で経理を担当していた従業員が、退職後に札幌にある同業種の会社に転職するのを制限するのは合理的な範囲を超えており不当です。

　また、③従業員の転職先が自社と異業種である場合には、転職を制限できません。ただ、以上の基準に照らし、従業員の職業選択の自由・営業の自由を不当に制限する契約であっても、④その従業員に相当の代償が支払われる場合は、その制限が許されることがあります。代償の具体例として、競業避止契約を締結する代わりに、退職金を上乗せしている場合や、在職中に秘密保持手当を出している場合が挙げられます。

　競業避止契約を締結する際には、上記の基準を参考にしながら、従業員が扱っていた秘密情報等の保護と、従業員の職業選択の自由・営業の自由の保障とを比較考量（対立する2つの権利の保障をバランスよく調整すること）することになります。なお、競業避止契約の締結方法は、就業規則に競業避止規定を置く方法や、入社や退職のタイミングで該当の従業員に誓約書を書かせる方法が一般的です。

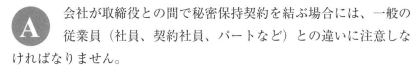

 取締役との間で秘密保持契約を締結しようとする場合、一般の従業員とどのような違いがあるのでしょうか。

A 会社が取締役との間で秘密保持契約を結ぶ場合には、一般の従業員（社員、契約社員、パートなど）との違いに注意しなければなりません。

　まず、取締役が在任中にあっては、一般の従業員とは異なり、秘密保持契約を結ぶ必要性は小さいといえます。会社法の規定によると、取締役は、忠実に会社の職務を遂行する義務（忠実義務）を負うとともに、職務に専念するため競業避止義務を負うからです。取締役は、法律上は株主から会社の職務を委任された者で、民法や会社法などの法律によってさまざまな制限が課せられています。つまり、取締役は会社の利益に反する行為を法的に禁じられており、たとえば、会社の秘密を漏えいさせる行為などの禁止は、法律上の忠実義務や競業避止義務などから導かれます。

　これに対し、取締役が退任した後は、秘密保持の取決めを明確化しておくことが重要です。取締役でなくなった時点で、株主との委任関係が解消され、取締役を対象とする法律上の制限が及ばなくなるからです。したがって、取締役が退任するときは、秘密保持契約や競業避止契約を締結し、契約によって秘密保持義務や競業避止義務を負わせて秘密保持を担保する必要があります。この場合は、会社と個人との間の個別の契約となるため、一般の従業員の場合と同じく、取締役の職業選択の自由・営業の自由を侵害しないよう配慮する必要があります。特に期間が無制限である特約や、およそ同業他社に再就職する機会を奪うような競業避止義務を負わせる特約は無効となることに注意が必要です。また、契約条項において、退職金などの補償（代償措置）を十分に行うことを盛り込むことも重要です。

第２章 ◆ 労務管理のリスクと対策　93

17 従業員との秘密保持契約の結び方

誓約書を取り、就業規則に盛り込む

■■ 入社・在職・退職の3段階で締結する

　会社と従業員の間で秘密保持契約を締結する場合、適切なタイミングを選ぶことが、その効果をより高めることにつながります。経済産業省が公表している「秘密情報の保護ハンドブック～企業価値向上にむけて～」などに基づくと、そのタイミングが、①入社時、②在職時（主として配属先の異動時、転勤時、重要プロジェクトへの配属時・転出時・終了時、昇進時など）、③退社時にあると考えられます。

　また、会社にとって、秘密保持契約を結ぶことには格別のメリットがあります。多くの秘密情報が不正競争防止法上の「営業秘密」として認められることで、情報漏えいなどのトラブルを防止することを会社側は望んでいるからです。ここで「営業秘密」と認められるには、当該情報が秘密の情報として管理されていること（秘密管理性）が重要です。その判断基準の一つとして、従業員との間で秘密保持契約を結んでおけば、特定の情報を秘密のものとして管理していることを、客観的に示すことが可能になるということです。

■■ 誓約書の取り方

　従業員の入社時に秘密保持契約を結ぶ際に、よく使用されるのが誓約書の提出という方法です。

　秘密保持契約を締結する際には、秘密保持義務の対象となる情報を絞り込んでおくことが求められますが、入社の時点では、その人がどのような業務を行うか、どういった情報に触れるか、といったことが明確になっていないこともよくあります。そのため、誓約書ではおお

まかに秘密保持義務があることを示す形をとっているわけです。もちろん、このままの状態では秘密管理性は低く、実際の効果はあまり期待できませんが、「会社の一員として、会社の業務上の情報を保持する義務がある」という認識を持ってもらうためには、有効な方法だといえるでしょう。

■■ 就業規則に盛り込む

　会社に入社する際には労働契約を締結しますが、その中には一般に「会社の就業規則に従う」という条項が置かれています。その就業規則の中に秘密保持の条項（秘密保持義務を課す条項）を入れておけば、入社時に秘密保持契約を結ぶことができなくても、従業員には秘密保持義務が課せられていることになります。

　なお、秘密保持契約を締結しておらず、就業規則に秘密保持の条項がなかったとしても、従業者には信義則上の秘密保持義務があると認識されています。しかし、訴訟などの際には誓約書や就業規則などによって秘密保持義務が明文化されている方が、より秘密管理体制が整っていると判断されます。

　また、就業規則に「秘密保持義務違反をした労働者に対しては、懲戒処分を行うことができる」と定めておくと、秘密保持義務違反をした従業員に対して、就業規則で定める懲戒処分（減給や解雇など）を行うこともできます。むしろ、労働基準法においては、常時10人以上の労働者を使用する会社の事業場では、就業規則の作成・届出が義務付けられているため、従業者が会社との取り決めに対して違反した場合には、就業規則に照らして懲戒処分を検討することになります。

　その際、注意しなければならないのは、別途秘密保持契約を締結している場合であっても、就業規則で定めた内容よりも過重な義務を従業員に課すことはできないという点です。就業規則よりも過重な義務が置かれている場合には、就業規則で定めた義務の範囲にまで義務が

第2章 ◆ 労務管理のリスクと対策　95

縮小されます。したがって、従業員との間で詳細な秘密保持契約を締結することも重要であることは間違いありませんが、会社としては就業規則においても秘密保持の条項を明確かつ詳細に規定しておかなければ、会社が望む形での秘密管理体制を達成することが困難になるおそれがあることに留意しなければなりません。

就業規則に規定される秘密保持義務の対象は、誓約書に記載されるものと同様、「業務上知り得た情報」など一般的な書き方にならざるを得ません。これは、基本的には就業規則がすべての従業員を対象に規定されるもので、個別の条件を盛り込むことができないからです。したがって、ある特定の情報を秘密として保持するためには、やはり個々に秘密保持契約を締結することが求められます。

■■ 在職時の契約締結

入社後、配属される部署が決まれば、従業員がどんな情報に触れる可能性があるかということが明らかになってきます。その場合、速やかに秘密保持契約を締結することが求められます。もっとも、会社が詳細な秘密保持契約を整えたとしても、従業員が秘密管理について理解していなければ、不正競争防止法上の「営業秘密」として認められるための秘密管理性の要件を満たしていない、と判断されるおそれがあります。そのため、秘密保持契約の締結とあわせて、従業員に対する定期的な教育・指導を怠ってはなりません。在職時に秘密保持契約を締結する主なタイミングとして、次の場合が挙げられます。

① **重要プロジェクトへの配属時・転出時・終了時**

新商品の開発や特別なイベントの開催など、会社にとって重要なプロジェクトを立ち上げて業務を行う場合には、一般の業務以上に秘密にすべき情報が多くなります。このため、従業員をそのプロジェクトに参画させる際に秘密保持契約を締結することが必要です。さらに、秘密管理上必要と考えられる場合には、プロジェクトからの転出

時（途中でプロジェクトから外れる場合）、プロジェクトの終了時にも、再度情報の絞り込みや対象者の再確認を行い、秘密保持契約を締結し直します。

② 異動時・転勤時

従事する業務内容や、業務を行う場所（事務所や工場など）が変われば、業務中に接する情報も変わりますから、そのつど秘密保持契約を締結することが望ましいといえます。

③ 昇進時

昇進すると、当然のことながら社内の重要情報に触れる機会は増加します。特に一定の役職を持った人しかアクセス権を持たない情報がある場合には、そのアクセス権者となった人との間で、他の従業員とは異なる秘密保持契約を締結しておくことが重要です。

■■ 退職時の契約締結

入社時の誓約書や、在職中に締結した秘密保持契約、会社の就業規則などに、退職後の秘密保持についても規定しておく方法が考えられます。また、通常契約を締結するかしないかは本人の自由意思によって決定することができるのが原則であり、当然に退職時の秘密保持契約書の締結が義務付けられているわけではありません。

そこで、就業規則や誓約書に退職する際は秘密保持契約書を提出しなければならない旨を定めておくことも有効です。

その上で、退職する際に改めて秘密保持契約を締結する流れになります。退職時であれば従業員が持っている情報の内容や範囲も明確になっていますから、より特定された秘密保持契約を締結することができます。ただし、過重な秘密保持義務を課して、退職者の職業選択の自由や営業の自由を侵害しないように注意しましょう。

第 2 章 ◆ 労務管理のリスクと対策　　97

競業禁止及び守秘義務に関する誓約書

競業禁止および守秘義務に関する誓約書

　私は、今般、貴社を退職するにあたり、以下のことを誓約致します。
1　退職後、在職中に知得した貴社の有形無形の技術上、営業上その他一切の有用な情報および貴社の顧客に関する情報（以下「本件情報」といいます）を、公知になったものを除き、第三者に開示、漏えいしないとともに、自己のためまたは貴社と競業する事業者その他第三者のために使用しないこと。
2　退職後、貴社の顧客に関する個人情報（顧客から預かった個人情報を含む）を、不正に使用し、または第三者に漏えいしないこと。
3　会社の承認を得た場合を除き、離職後１年間は日本国内において会社と競業する業務を行わないこと。また、会社在職中に知り得た顧客、取引関係のある企業および個人と離職後１年間は取引をしないこと。
4　本件情報が具体化された文書、電磁的記録物その他の資料および本件情報に関連して入手した書類、サンプル等すべての資料を退職時までに貴社に返還すること。
5　貴社在職中に、前項の資料を貴社の許可なく社外に搬出していないことおよび第三者に交付等していないこと。
6　貴社在職中に、業務に関連して第三者に対し守秘義務を負って第三者の情報を知得した場合、当該守秘義務を退職後も遵守すること。
7　退職後、直接・間接を問わず、貴社の従業員（派遣社員やパートタイム労働者も含む）を勧誘しないこと。
8　この誓約書に違反して貴社に損害を及ぼした場合には、貴社の被った損害一切を賠償すること。

※文書の冒頭または末尾に、日付・本人の氏名・提出先を記載する

第3章

個人情報保護法と
顧客情報の管理

1 個人情報保護法の全体像を おさえておこう

個人情報保護制度については個人情報保護委員会が統一的に監督をしている

■■ 個人情報の流出を軽く考えてはいけない

どんな業種の仕事であっても、個人情報を扱う機会は少なくありません。今ではそれらの情報をコンピュータ管理している企業がほとんどであり、情報をデータベース化することにより、大量の情報をコンパクトに保管できるようになった他、抽出や加工などもしやすくなりました。一方で、個人情報の流出問題が後を絶ちません。小さなUSBメモリ1本にデータを移す、もしくはメール等で送付するだけで大量の個人情報を簡単に持ち出せてしまう、という点で、情報流出が起こりやすくなっています。

個人情報の保護について忘れてはならないのは、法律を守っていたからといって、漏えいの責任から逃れることはできないということです。法律で定められている基準を守るだけでなく、個人情報の取扱いの状況に応じて必要な対策をとらなければなりません。技術の進歩により大量の個人情報を活用できる反面、漏えいの被害も甚大になっています。そこで、従業員や業務委託先などの個人情報の利用を電子的に監視する、また、一度に大量の個人情報にアクセスできる人間を限定するなど、より技術的な対策も求められています。技術の進歩や事業の変化に伴い、個人情報漏えいのリスクも変化します。そこで、変化し続けるリスクを把握し、起こるかもしれないということを前提にして対策を考える必要があるのです。

■■ まずは現状把握が重要

個人情報取扱事業者は、個人情報を利用する際に法の規定を遵守し

ていくことが求められます。

　この状況に対応するためには、法と照らし合わせて自社がどのような位置にあるのかを知る必要があります。まずは現在事業に利用している個人情報が何件あるか、どんな種類の情報があるか、管理・利用の状況がどのようになっているか、を確認しましょう。

　特に、システム開発においては、個人情報を取り扱った社員が、個人情報を流出する事件が起こりがちです。それによって会社自体の信用が失墜したり、損害賠償責任を負うことにもなりかねませんので、できるだけ法やガイドラインを参考にして個人情報保護の体制を整える方がよいでしょう。

■■ 個人情報保護法とは

　個人情報保護法（正式名称は「個人情報の保護に関する法律」といいます）は、個人情報の有用性に配慮しつつ、個人のプライバシーや権利利益を保護することを目的とする法律です。

　従来、個人情報の保護に関する法律として、①民間事業者を対象とする個人情報保護法、②国の行政機関を対象とする行政機関個人情報保護法、③独立行政法人を対象とする独立行政法人個人情報保護法がありました。これに加えて、地方公共団体（都道府県・市区町村）は、それぞれで個人情報保護条例を設けていました。個人情報保護制度は、単に個人情報の流出などから個人の権利利益を保護するだけでなく、新産業の創出や経済の活性化などのために個人情報を利活用することも考慮しています。現在では社会全体のデジタル化（デジタル社会）に対応した個人情報保護とデータ流通の両立が要請されます。しかし、団体ごとの個人情報保護制度が異なれば、特にデータ流通で支障が生じてしまいます。そこで、定義の一元化や個人情報の取扱い等に関する規定の共通化のために、令和4年4月1日施行の改正個人情報保護法は、上記の①〜③の法律を「個人情報保護法」に一本化し、さらに

第3章 ◆ 個人情報保護法と顧客情報の管理　101

令和5年4月1日施行の改正法によって、地方公共団体も「個人情報保護法」の適用対象としました。

また、個人情報保護法では、個人情報の取扱いなどについて、事業分野ごとに各省庁がガイドラインを策定して監督するのではなく、個人情報保護委員会がすべての事業分野に関する個人情報の取扱いなどを監督するしくみを採用しています。

■■ どんな情報が「個人情報」に該当するのか

個人情報保護法における「個人情報」とは、生存する個人に関する情報であって、①その情報に含まれる氏名、生年月日その他の記述等によって特定の個人を識別できるもの（他の情報と容易に照合することができ、それによって特定の個人を識別できるものを含む）、または、②個人識別符号が含まれるもののことをいいます。たとえば、年齢や性別などのだけでは特定の個人を識別することはできませんが、氏名や生年月日、住所、勤務先などの情報が加わることで、①に該当するため、「個人情報」となります。

②の「個人識別符号」とは、ⓐ特定の個人の身体の一部の特徴をデジタル化した生体認識情報、またはⓑ個人に提供されるサービスの利用や個人に販売される商品の購入に関して割り当てられ、または個人に発行されるカードその他の書類に記載・記録さえた文字・番号・記号などの符号であって、特定の個人を識別できるものをいいます。たとえば、ⓐの例としては、顔認証データ、虹彩、声紋、歩行の際の姿勢・両腕の動作・歩幅などの歩行の態様、指紋・掌紋などのデータが該当します。

個人情報法ガイドラインでは、個人情報に該当するものの例として、①本人の氏名、②生年月日、連絡先（住所・居所・電話番号・メールアドレス）、会社における職位、所属に関する情報について、それらと本人の氏名を組み合わせた情報、③防犯カメラに記録された情報等

本人が判別できる映像情報、④本人の氏名が含まれる等の理由によって、特定の個人を識別できる音声録音情報、⑤特定の個人を識別できるメールアドレス、⑥官報、電話帳、職員録、法定開示書類（有価証券報告書等）、新聞、ホームページ、SNS（ソーシャル・ネットワーク・サービス）等で公にされている特定の個人を識別できる情報などが挙げられています。

　また、死者に関する情報は、原則として個人情報には該当しませんが、その死者に関する情報が、同時に、遺族等の生存する個人に関する情報でもある場合には、当該生存する個人に関する情報に該当するため、個人情報に該当することになります。

■■ プライバシー情報と個人情報

　個人情報との関係が混乱しやすい言葉の一つに、「プライバシー情報」があります。プライバシー情報とはプライバシー権を主張する際に問題となるものです。プライバシー権は憲法13条の個人の尊重、生命・自由・幸福追求の権利の一つとして取り上げられることが多いのですが、裁判所の判例によると「私生活をみだりに公開されないという法的保障ないし権利」とされています。プライバシー権に基づいて

■「個人情報」の定義 ……………………………………………………

個　人　情　報

①生存する個人に関する情報で、当該情報に含まれる氏名、生年月日その他の記述等によって特定の個人を識別できるもの（他の情報と容易に照合できて特定の個人を識別できるものを含む）

②生存する個人に関する情報で、個人識別符号が含まれるもの
（①②の中で、人種・信条・社会的身分・病歴・前科・犯罪被害歴など、本人に対する不当な差別・偏見などの不利益が生じないようにその取扱いに特に配慮を要するものを「要配慮個人情報」という）

第３章 ◆ 個人情報保護法と顧客情報の管理　　103

保護されるプライバシー情報とは、すでに広く知られていない私生活に関する情報であり、本人が公表を望まない情報であると言い換えることができます。具体的には前科に関わる事実や嫡出子・非嫡出子の別、HIVなど病気感染の事実などが挙げられます。

　一方、個人情報は、それが私生活に関するものかどうか、公開を望まない情報かどうかといったことは関係ありません。ですから、たとえば新聞紙上で発表された国家資格合格などの情報は個人情報ですが、すでに公になっているためにプライバシー情報としては扱われません。逆にプライバシー情報を知識として知っていたとしても、特定の個人を識別できるような状態になっていなければ個人情報にはあたらないわけです。この点で、プライバシー情報と個人情報は異なります。

　さらに、安全管理措置などを求められる個人情報とは、ファイリングされた情報やコンピュータ上のデータベースなど、個人情報取扱事業者が保有・管理・利用している「データ」の形になった情報を指します。ですから、プライバシー情報について個人情報保護法に規定された適切な取扱いをしなかったとしても、それだけで個人情報取扱事業者としての責任を問われることにはならないわけです。

　ただ、現実には企業が個人情報取扱事業者としての責任について示した文書の中などでもプライバシー情報と個人情報を混同して表記していることがありますし、個人情報とプライバシー情報の双方にあたる情報が多いのも事実です。個人情報保護法の規制にあてはまらないプライバシー情報であっても、適切な取扱いを怠ると、顧客からの信頼を失うことにもなりかねません。場合によっては民法上の不法行為などとして損害賠償責任を問われる可能性もありますので、十分に注意する必要があります。

■■ 個人情報保護法はさまざまな用語の定義規定を設けている

　個人情報保護法では、「個人情報」（102ページ）とはどのようなも

のかについて定義を設けている他、「要配慮個人情報」「仮名加工情報」「匿名加工情報」「個人関連情報」「個人情報データベース等」「個人データ」「保有個人データ」という似た用語が登場します。ここでは、それぞれの用語の定義について説明します。

① 個人情報データベース等

「個人情報データベース等」とは、特定の個人情報をコンピュータを用いて検索することができるように体系的に構成した、個人情報を含む情報の集合物をいいます。

コンピュータを用いていない場合でも、紙面で処理した個人情報を、五十音順などの一定の規則に従って整理・分類し、特定の個人情報を容易に検索できるように、目次、索引、符号等を付して、他人に

■「個人情報」の内容

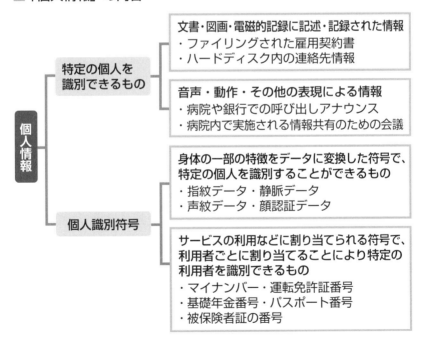

よっても容易に検索可能な状態に置いているものも、「個人情報データベース等」に該当します。

ただし、ⓐ不特定かつ多数の者に販売することを目的として発行されたものであって、その発行が法または法に基づく命令の規定に違反して行われたものでないこと、ⓑ不特定多数の者により随時購入することができ、またはできたものであること、ⓒ生存する個人に関する他の情報を加えることなくその本来の用途に供しているものであること、という3つのすべてに該当するものは、その利用方法から、個人の権利利益を害するおそれが少ないことから、個人情報データベース等には該当しません。たとえば、市販の電話帳や住宅地図、カーナビゲーションシステム等は、個人情報データベース等には該当しません。

② 個人情報取扱事業者

「個人情報取扱事業者」とは、個人情報データベース等を事業の用に供している者をいいます。ここでいう「事業」には、営利事業も非営利事業も含まれ、規模の大きさも問われません。ただし、国の機関、地方公共団体、独立行政法人等は個人情報取扱事業者に含まれません。1件でも個人情報を保有する民間事業者は、個人情報データベース等を事業に利用している限り、個人情報取扱事業者に該当します。また、法人格・権利能力のない社団（任意団体）や個人であっても、個人情報データベース等を事業目的に利用している場合は個人情報取扱事業者に該当します。

③ 個人データ・保有個人データ

「個人データ」とは、個人情報データベース等を構成する個人情報のことです。「保有個人データ」とは、個人情報取扱事業者が、開示、内容の訂正、追加または削除、利用の停止、消去および第三者への提供の停止を行うことができる権限を有する個人データであって、その存否が明らかになることで公益その他の利益が害されるものとして定められた一定のもの以外のものをいいます。

2 個人情報を利用するときには どんなことに注意するのか

利用目的の特定・公表や個人データの正確かつ安全な管理が必要である

■ 利用目的の特定

　個人情報保護法は、事業者が個人情報の利用によって得る利便を認めながら、利用される側の本人の利益や権利を損なわないような利用を推進することを求めており、そのために必要な義務として、「利用目的の特定」を挙げています。

　利用目的を特定する際の表現方法については、個人情報保護委員会が公表しているガイドライン（以下、ガイドライン）の中でも詳しく示されています。これによると、「最終的にどのような事業の用に供され、どのような目的で個人情報を利用するのかが、本人にとって一般的かつ合理的に想定できる程度に特定することが望ましい」とされています。たとえば「事業活動に用いるため」「サービス向上のため」といったあいまいな表現では不十分であるとされています。利用目的は、「○○事業における商品の発送、関連するアフターサービス、新商品・サービスに関する情報のお知らせのために利用いたします」「ご記入いただいた氏名、住所、電話番号は、名簿として販売することがあります」などのように、対象となる個人情報がどのように情報が利用されるのかを明確にイメージできるような状態で特定することが必要です。

■ 利用目的の内容と利用目的の変更

　利用目的の内容については、常識に反するようなものが除外されることは当然ですが、法律上は特に明確な制限はなく、幅広い用途に利用することが認められています。

第3章 ◆ 個人情報保護法と顧客情報の管理　107

ただし、一度利用目的を特定すると、原則として現在の利用目的と「関連性」があると合理的に認められる範囲を超えて、利用目的を変更することができなくなります。つまり、変更後の利用目的が変更前の利用目的からみて、社会通念上、本人が通常予期することができる限度であると客観的に認められる範囲内であれば、利用目的を変更することが可能です。

　なお、変更された利用目的は、本人に通知するか、または公表をしなければなりません。

■■ 利用目的による制限と利用目的を超える取扱い

　個人情報取扱事業者は、あらかじめ本人の同意を得ないで、特定された利用目的を達成するために必要な範囲を超えて個人情報を取り扱ってはいけないといった制限も受けることになります。この規定は、事業者が本人の許可なく個人情報を取り扱うことを禁じるものです。本人が「全く知らない会社から訪問販売を受ける」「不要なダイレクトメールを送付される」といった不利益を受けないようにすることを目的としています。

　このように、あらかじめ本人の同意を得ないで特定された利用目的の達成に必要な範囲を超えて、個人情報を取り扱うことができないのが原則ですが、以下のような場合については、本人の同意なく利用目的を超えた取扱いをすることが認められています。なお、個人情報取扱事業者が合併、分社化、営業譲渡などで個人情報を取得した場合、以前の利用目的の達成に必要な範囲内で個人情報を利用するのであれば、本人の同意を得なくても問題はありません。

① 　法令に基づく場合

　警察の令状や税務関係の調査などがこれにあたります。

② 　人の生命、身体または財産の保護のために必要がある場合であって、本人の同意を得ることが困難であるとき

急病、事故などで本人の意識がないが、手術同意書への署名が必要
である場合などがこれにあたります。

③ **公衆衛生の向上または児童の健全な育成の推進のために特に必要**
がある場合であって、本人の同意を得ることが困難であるとき

疫病情報の提供、問題行動のある児童生徒の情報を関係機関で共有
し、対処する必要がある場合などがこれにあたります。

④ **国の機関や地方公共団体またはその委託を受けた者が法令の定め**
る事務を遂行することに対して協力する必要があるときであって、
本人の同意を得ることにより当該事務の遂行に支障を及ぼすおそれ
があるときなど

企業などの事業者等が、税務署の職員等の任意調査に対し、個人情
報を提出する場合などがこれにあたります。

▓▓ 利用目的の公表の方法

特定した利用目的は、情報の取得以前に公表、あるいは取得後速や
かに本人に通知または公表することが義務付けられています。

通知や公表の方法については、ガイドラインに記載があります。ま
た、ガイドラインでは、個人情報を取得する場合、あらかじめその利
用目的を公表していることが望ましいとされています。

公表とは、不特定多数の人に広く自分の意思を知らせることを指し
ます。たとえば、チラシを作成し、掲示板に掲示する、パンフレット
を配布する、インターネットのホームページ上に見やすく掲載する、
などの方法があります。また、医療・介護関係事業者における個人情
報の適切な取扱いのためのガイダンスでは、医療・介護機関で問診票
や健康保険証を提出する時に本人が認知できるよう、利用目的を院内
掲示板などに明示することを義務付けています。

事前の公表を行っておらず、本人に通知する際には、直接本人に伝
えることができるような方法、たとえば面談、電話、郵便、メールな

第 3 章 ◆ 個人情報保護法と顧客情報の管理　　109

どの方法をとらなければなりません。

さらに、商品売買やアンケート用紙への回答、ホームページ上で懸賞応募を受け付けるなどのように、申込書や契約書等により個人情報を本人から直接取得する場合は、利用目的を本人に明示することが求められています。「本人に明示」とは、通知と似ていますが、直接伝えるまではしなくても契約書上に明記する、個人情報を入力するホームページ画面に明示するなど、本人が簡単に認識できるような状態に示しておくことを指します。口頭で個人情報を取得する場合には、この義務は課せられていませんが、あらかじめ利用目的を公表するか、速やかに利用目的を本人に通知または公表しなければなりません。

なお、利用目的を本人に通知・公表することで以下の事情が生じる場合は、個人情報取得前の公表、あるいは取得後の本人への通知、公表を行っていなくても個人情報保護法違反にはなりません。

① **本人または第三者の生命、身体、財産その他の権利利益を害するおそれがある場合**

子どもに虐待を行う父親の個人情報を取得し、被害防止を図っている場合など

② **個人情報取扱事業者の権利または正当な利益を害するおそれがあるとき**

商品開発技術やノウハウなど企業秘密が露呈される可能性がある場合など

③ **国の機関または地方公共団体が法令の定める事務を遂行するために協力する場合に、事務の遂行に支障をきたすおそれがあるとき**

市役所などが非公開の犯罪捜査で警察から個人情報の提供を要求された場合など

④ **取得の状況から見て利用目的が明らかであると認められるとき**

商品やサービスの販売等にあたって、提供等に用いるために、顧客の住所や電話番号などの個人情報を取得する場合など

■■ 個人データの正確性の確保と消去

　個人情報保護法は、偽りその他不正の手段により個人情報を取得することを禁じていますが、さらに個人データを正確かつ最新の内容に保つとともに、利用する必要がなくなったときは、その個人データを遅滞なく消去するよう努めなければならないとされています。これは、誤った情報を利用して事業活動や第三者提供などを行うことによって、本人が多かれ少なかれ被害を受ける可能性が高いためです。なお、保有する個人データについては、一律に、または常に最新の内容とする必要はなく、利用目的に応じて必要な範囲内で最新の内容に保てば足りるとされています。

　個人データの正確性をできるだけ維持するために取るべき措置としては、たとえばホームページ上で個人情報を入力する際には入力内容を確認する画面を1回以上表示する、事業者が保有する個人データの中に本人が誤りを見つけた場合の変更・訂正の方法を明確にしておく、定期的に内容の再登録、あるいは確認をしてもらう、といったことが考えられます。

■ 個人情報の取扱いの主な注意点 ……………………………………

① 利用目的を特定しなければならない

② 利用目的に沿った項目のみを取得しなければならない

③ 取得に際しては利用目的を通知・公表しなければならない

④ 適正な手段によって取得しなければならない

⑤ 情報の取扱管理者を定めなければならない

⑥ 保管場所や保管方法、利用期限を定めなければならない

3 要配慮個人情報について 知っておこう

取得や第三者提供の際には本人の同意が必要である

■■ 要配慮個人情報とは

　「要配慮個人情報」とは、人種、信条、社会的身分、病歴、犯罪の経歴、犯罪によって害を被った事実など、本人に対する不当な差別や偏見その他の不利益が生じないようにその取扱いに特に配慮を要するものとして一定の記述等が含まれる個人情報のことです。

　個人情報保護法は、このような要配慮個人情報を保護するために、一定の規律を設けています。ただし、要配慮個人情報に含まれない個人情報については全く配慮をしなくてもよいというわけではなく、一定の配慮が必要になります。これは、要配慮個人情報に含まれない個人情報の場合も、個人を特定できる重要な情報であり、使われ方によっては差別や偏見を生じさせる危険性があるためです。

■■ どのようなものが要配慮個人情報にあたるのか

　「要配慮個人情報」には、本人の人種、信条、社会的身分、病歴、犯罪の経歴、犯罪により害を被った事実の他、身体障害・知的障害・精神障害（発達障害を含む）などの心身の機能の障害があることや、本人に対して医師等によって行われた健康診断等の結果、本人を被疑者・被告人として逮捕・捜索・差押え・勾留・公訴の提起その他の刑事事件に関する手続きが行われたことなどが該当します。

　「人種」とは、広く、人種、世系または民族的・種族的出身のことを意味します。人種についての情報は、差別や偏見と結びつきが強い情報ですから、要配慮個人情報となります。たとえば、「アイヌ民族である」「在日韓国人である」というように民族的・種族的な世系に

ついては、「人種」に該当し、要配慮個人情報に該当します。

　一方、単純な国籍や、「外国人である」という情報は法的な地位にすぎず、それだけではここでいう「人種」には含まれません。肌の色も、人種を推知させる情報にすぎず、「人種」には含まれません。よって、これらの情報は要配慮個人情報ではありません。

　「信条」とは、個人の基本的なものの見方や考え方のことであり、思想と信仰の両方を含みます。たとえば、傾向企業（一定の思想が活動の根幹になっている企業）などでは、職員を採用する際に、政治的権利の行使に関する事項を申告させることがありますが、こうした取得した情報は「要配慮個人情報」として特別な扱いが必要になります。

　なお、図書の貸し出しサービスにおいて個人の貸し出し履歴の情報から宗教的な傾向を推測できることもありますが、これはあくまで貸し出しの事実にすぎず、このような情報のみでは要配慮個人情報には該当しません。

　「社会的身分」とは、ある個人にその境遇として固着しており、一生の間、自らの力で容易にそれから脱することができないような地位を意

■ 要配慮個人情報とは　………………………………………………

人種（国籍のみの情報は含まない）	アイヌ民族・在日韓国人
信条（思想・信仰）	所属する宗教団体・支持政党
社会的身分 （自らの意思では変えることができない社会的に区別や差別がなされる身分）	被差別部落出身者である・嫡出子ではない
病歴（過去または現在罹う疾患）	ＨＩＶ感染者、ガンの既往歴
犯罪歴（前科の情報）	過去に有罪判決を受け、刑が確定したものの履歴・被害者歴

第３章 ◆ 個人情報保護法と顧客情報の管理　　113

味します。たとえば、被差別部落出身者であることや、嫡出子（結婚関係にある男女から生まれた子）でないことなどが社会的身分に該当します。一方、単なる職業的地位や学歴は社会的身分には含まれません。

「病歴」とは、個人が病気に罹患した経歴のことをいいます。特定の個人がHIV感染者である、ガンの既往歴がある、統合失調症を患っている等がこれにあたります。

「犯罪の経歴」とは、過去に有罪判決を受けて刑が確定した事実のことをいいます。いわゆる前科についての情報です。

また、犯罪の加害者の情報だけでなく、被害者の情報（犯罪によって害を被った事実）も要配慮個人情報となります。

■■ 要配慮個人情報の取得には制限がある

要配慮個人情報は極めてデリケートな内容であるため、要配慮個人情報を取得する際には、原則としてあらかじめ本人の同意を得なければならないとされています。

具体的には、要配慮個人情報を取得しようとする場合、提供情報の項目や利用方法を書面などで明示した上で、本人からの同意を得なければなりません。このようにして本人の同意を得ることができた場合は、その個人情報取扱事業者においては、利用目的の範囲内において、その要配慮個人情報を利用することが可能になります。

本人の同意を得ずに要配慮個人情報を取得した場合は、その要配慮個人情報は違法に取得した情報ということになり、個人情報取扱事業者はその利用の停止や消去をしなければならないことになります。個人情報取扱事業者が自発的に利用の停止や消去を行わない場合は、個人情報保護委員会から勧告や命令を受けることになります。この命令に従わなかった場合は、1年以下の拘禁刑または100万円以下の罰金が科されることになります。これは、両罰規定になりますので、実際に違反行為を行った者だけでなく、監督責任のある法人や個人事業主

114

自体も罰則を受けることになります（法人の場合1億円以下の罰金）。

　なお、個人情報保護法の改正前に要配慮個人情報にあたるものを取得済みである個人情報取扱事業者については、その情報は違法に取得したものとはいえず、利用することが認められます。

　ただし、要配慮個人情報の取得制限には例外が設けられており、事前に本人の同意を得ていない場合であっても取得が認められる場合があります。

　たとえば、不特定多数が閲覧可能なSNSなどに本人が公開している要配慮個人情報の場合は、自身が公表を許可している情報であると判断され、取得可能です。また、多くの人の目に入る報道によって公表されている要配慮個人情報なども同様です。

　その他にも、法令に基づく場合や、人の生命・身体・財産を保護するために必要であって本人同意を得ることが困難である場合、公衆衛生の向上または児童の健全な育成の推進のために特に必要であって本人の同意を得ることが困難である場合など、一定のケースにおいては、例外的にあらかじめ本人の同意を得ないで要配慮個人情報を取得することが認められています。

■■■第三者への提供は原則として本人の同意が必要である

　個人データを外部機関などの第三者へ提供する場合、原則として、あらかじめ本人が同意に係る判断を行うために必要と考えられる合理的かつ適切な範囲の内容を明確に示した上で、本人から同意を得る必要があります。なお、あらかじめ第三者への提供を想定している場合には、利用目的でその旨を特定しなければなりません。

　しかし、一定の事項を本人に通知し、または本人が容易に知り得る状態におくとともに、個人情報保護委員会に届け出た場合には、本人の同意を得ることなく、個人データを第三者に提供することができます（オプトアウトによる第三者提供。131ページ）。ただし、本人が提

第3章 ◆ 個人情報保護法と顧客情報の管理　　115

供を中止するように申し出た場合は、第三者への提供を取りやめなければなりません。

　一方、要配慮個人情報は個人にとって非常にデリケートな内容を含むため、提供されることで何らかの被害を被る可能性があります。

　したがって、要配慮個人情報に関してはオプトアウトが認められておらず、本人からの同意を得ずに第三者に要配慮個人情報を提供することが禁止されています。

　要配慮個人情報を第三者に提供する場合は、あらかじめ本人に対して、「どのような項目を、いつ、誰に、どのような利用方法のために」提供するのかを明示して、同意を得る必要があります。

　なお、第三者への提供についても取得の場合と同じく、法令に基づく場合や、人の生命・身体・財産を保護するために必要な場合、本人や報道機関などによってすでに公開されている場合など、例外が認められます。

■ 要配慮個人情報の取得・第三者提供 ……………………………………

● 取得

通常の 個人情報	本人の同意は原則不要 ⇒自由に取得することができる
要配慮 個人情報	本人の同意が原則必要 ★「同意」 ⇒「個人情報を企業が取得すること」についての同意が必要 極めてデリケートな内容を含む

● 第三者提供

通常の 個人情報	「オプトアウト」による第三者提供が可能 ⇒本人に対し以下のような事項を明示することが必要 　①第三者への提供を利用目的とすること 　②異議がある場合には第三者提供を停止すること
要配慮 個人情報	オプトアウトは認められない ⇒本人の同意を得ずに第三者提供はできない

4 匿名加工情報について知っておこう

ビックデータの有効利用などのために用いられる

■■ 匿名加工情報とは

「匿名加工情報」とは、特定の個人を識別する（ある一人の情報とわかり、その一人が誰かわかる）ことができないように個人情報を加工して得られる個人に関する情報であって、当該個人情報を復元できないようにしたもののことです。情報に匿名性をもたせる加工を施した情報であるため、保有している個人情報をさまざまな目的で利用をするために用いられます。

匿名加工情報は、「個人情報」には該当しないため、本人の同意を得ずに第三者に提供することができます。

■■ どのように加工するのか

匿名加工情報の作成にあたり、匿名性がどの程度になるかについて、あらかじめ検討を行うことが重要です。それでは、どのような匿名性を持たせる加工が考えられるのでしょうか。

個人情報保護法は、匿名加工情報の定義を「特定の個人を識別することができないように個人情報を加工して得られる個人に関する情報であって、当該個人情報を復元することができないようにしたもの」と定めています。

このことから、元の個人情報に含まれる個人を特定し得る記述や情報が匿名加工情報から導けない程度に加工しなければなりません。

通常は、元の個人情報から個人識別符号（104ページ図参照）を削除し、続いて個人を識別できる記述などを削除・置き換えを行い、最後にこれらを復元することができない程度まで匿名加工することになります。

第3章 ◆ 個人情報保護法と顧客情報の管理 　117

たとえば、ある商品の購入者ごとに「氏名、生年月日、性別、住所、勤め先、運転免許証番号」などが記録されているとします。元の情報から個人識別符号（運転免許証番号）を削除します。続いて、個人を識別できる記述（氏名、生年月日、性別、住所、勤め先）について削除と置き換えを行います（男性・40代・東京都在住・会社員）。最後にこれらを復元することができない程度まで匿名加工（加工後の複数者間データ項目を入れ替える、識別につながる属性を削除する、得られた情報の一部の項目を一定の基準ごとにまとめることなど）します。

　これらはあくまでイメージですが、詳しくは個人情報保護委員会規則で定める基準に従って加工する必要があります。そのような加工を行えばネットなどの外部へ活用することができることになります。たとえば、サイト閲覧者へ「ご覧の商品は40代の男性を中心に購入されています」という情報を提供すれば、閲覧者の購買意欲を高めることが可能になります。

■ 加工や第三者提供に本人の同意は不要である

　保有する個人情報に匿名加工を行う際には本人の同意を得る必要はありません。目的に合わせて自由に匿名加工を行うことができます。

　さらに、匿名加工情報の第三者への提供時や第三者からの受領時も本人の同意を得る必要はありません。個人情報取扱事業者は自由に第三者提供を行うことが可能で、情報の売買も特に問題にはなりません。

　先ほど、加工の例のところで、個人情報保護委員会の定める基準に従った加工を行う必要があることを説明しました。この加工方法は、「いずれの業者においても共通する客観的かつ必要な措置」を基準として個人情報保護委員会が定めたものです。

　これは、定める際の基準や加工方法を個人情報取扱事業者側に認めると、それらの基準が不足しているなどの理由で後に復元や識別作業が行われることにより、個人情報が漏えいする危険性があるためです。

作成者には公表義務がある

　匿名加工情報を利用するためには、本人の同意を得ることは必要ありません。ただし、匿名加工情報の作成者には、一定の義務が課せられています。まず、個人情報から匿名加工情報を作成した個人情報取扱事業者は、今後利用する匿名加工情報の項目を公表する必要があります。この公表は、個人情報保護委員会の規則に従って行います。たとえば、「行政区画」「生年月日」「商品購入履歴」などといった項目を、個人情報取扱事業者のホームページに載せる方法などが認められています。

　また、個人情報取扱事業者が匿名加工情報を作成した場合には、安全管理に必要な措置や、苦情処理のための措置などを講じて、その内容を公表することが努力義務とされています。

■ 匿名加工情報の作成

・個人を識別する情報を削除
★以下を下段に追記（下線も付与）
※一定の基準に従って加工する必要があることに注意

当初の個人情報

氏　　名：甲野一郎
生年月日：昭和46年6月15日
性　　別：男性
住　　所：東京都中野区南中野1－2－3
勤 め 先：株式会社星光商事
運転免許証
　　番号：123456789123

匿名加工

加工後の匿名加工情報

氏　　名：×(削除)
生年月日：50代
性　　別：男性
住　　所：東京都在住
勤 め 先：会社員
運転免許証
　　番号：×(削除)

第3章 ◆ 個人情報保護法と顧客情報の管理　　119

第三者提供者には公表義務などがある

　個人情報取扱事業者が匿名加工情報を第三者に提供する場合にも、一定の義務が課せられています。まず、個人情報取扱事業者が匿名加工情報を第三者に提供する場合には、その提供する情報の項目と提供の方法を公表しなければなりません。提供の方法とは、たとえば、「業務提携による情報提供である」「一般販売である」といったことを公表することになります。この公表方法についても、個人情報保護委員会の規則に従って行う必要があります。

　また、情報を提供する相手（第三者）に対しては、その情報が匿名加工情報であることを電子メールや書面の交付により明示することが求められます。

加工が不十分だった場合どうなるのか

　適切な加工がなされているからこそ、第三者への提供時や第三者からの受領時に本人の同意が不要となるため、匿名加工情報の加工が個人情報保護委員会の定める基準に満たない場合には、相応のリスクが生じることになります。

　当然のことながら、個人情報保護委員会の定める基準に満たない情報は、通常の個人情報として取り扱うべき情報となっています。

　つまり、本人の同意を得ることなく、第三者に提供してしまえば、本来は本人に同意を得てから行うべき第三者提供を無断で行ったことになります。

　仮にこの不十分な匿名加工情報を得た第三者が本人に対してダイレクトメールなどを郵送した場合、本人としては情報流出の覚えがないため、不十分な匿名加工情報を第三者に提供した個人情報取扱事業者に対して、目的外利用や、同意を得ない第三者提供による利用停止請求などを行うことになりかねませんし、場合によっては損害賠償請求も行われるでしょう。

漏えいするとどうなるのか

　匿名加工情報は、個人情報から個人を識別する情報を削除したものであり、匿名性を持っているのが特徴です。そのため、たとえ匿名加工情報が漏えいしてしまったとしても、特定の個人に損害が生じるということは通常あり得ません。

　したがって万が一、匿名加工情報が漏えいしたとしても、そのこと自体を罰するような規定は存在しません。そもそも、本人の同意がなくても第三者提供が認められている情報ですので、当然といえば当然のことです。

　ただし、元の情報に復元されたり、識別作業が行われたりする可能性が、絶対にないとは言い切れません。重要な情報として安全に管理していくことは徹底しなければならないでしょう。

■ 匿名加工情報の第三者提供と義務

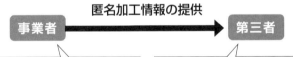

第3章 ◆ 個人情報保護法と顧客情報の管理

5 仮名加工情報について知っておこう

匿名加工情報よりも加工が簡単であり企業による利活用が期待される

■■ 仮名加工情報とは

「仮名加工情報」とは、個人情報を加工して、他の情報と照合しない限り特定の個人を識別することができないように加工して得られる個人に関する情報です。元の個人情報の一部を削除することや、一定の記号で置き換えたりすることによって作成したものが仮名加工情報に該当します。

たとえば、「氏名、生年月日、性別、住所」が記録されている元の情報から仮名加工情報を作成する場合、氏名を規則性のないIDに変更した上で、生年月日や住所の全部または一部を削除する、といった方法が考えられます。

仮名加工情報は、令和4年4月1日施行の改正個人情報保護法によって新たに設けられました。匿名加工情報とよく似ているイメージですが、仮名加工情報は、匿名加工情報とは異なり、原則として「個人情報」に該当します。そのため、原則として第三者への提供が禁止されるなど、仮名加工情報には個人情報についての規制が適用されますが、一定の例外があります。

仮名加工情報は、匿名加工情報よりも加工が簡単であるため、企業にとっては利用・活用しやすいものです。

なお、仮名加工情報を作成するときは、一定の基準に従って加工する必要があります。

■■ 仮名加工情報取扱事業者等の義務

個人情報保護法は、仮名加工情報取扱事業者（仮名加工情報データ

ベース等を事業目的で利用している者のうち、国の機関、地方公共団体、独立行政法人等、地方独立行政法人を除いた者のこと）および、仮名加工情報を作成する個人情報取扱事業者が、仮名加工情報を取り扱う場合等における義務を定めています。この義務は、仮名加工情報が個人情報に該当する場合と該当しない場合とで異なっています。

　仮名加工情報の作成の元となった個人情報やその仮名加工情報に係る削除情報等を保有しているなどによって、その仮名加工情報が「他の情報と容易に照合することができ、それにより特定の個人を識別することができる」状態にある場合には、その仮名加工情報は「個人情報」に該当します。一方で、その仮名加工情報が「他の情報と容易に照合することができ、それにより特定の個人を識別することができる」状態にない場合（たとえば仮名加工情報の提供を受けたような場合）には、その仮名加工情報は「個人情報」に該当しません。

　仮名加工情報が「個人情報」に該当する場合、通常の個人情報の取扱い等に関する義務とほぼ同様の義務を負いますが、利用目的の変更、漏えい等の報告等、本人からの開示等の請求等についての個人情報保護法の規定は適用されず、これらについては義務を負いません。

■ 仮名加工情報の作成

第3章 ◆ 個人情報保護法と顧客情報の管理　　123

6 安全管理措置について知っておこう

個人データが漏えい、滅失または毀損しないように必要かつ適切な措置をとる必要がある

■ 個人データの安全管理措置

　個人情報取扱事業者の重要な義務の一つとして、「安全管理措置（安全管理のために必要かつ適切な措置）」を講じることが挙げられます。安全管理措置とは、個人データの漏えい、滅失または毀損が生じないようにするための体制を整えることを意味します。

　個人情報保護委員会が公表するガイドライン（以下、ガイドライン）によれば、安全管理措置については、個人データが漏えい等をした場合に本人が被る権利利益の侵害の大きさを考慮して、個人情報取扱事業者の事業の規模・性質、個人データの取扱状況（取り扱う個人データの性質・量を含む）、個人データを記録した媒体の性質等に起因するリスクに応じて、必要かつ適切な内容としなければならないとされています。

　具体的に講じなければならない措置として、ガイドラインは、「基本方針の策定」「個人データの取扱いに係る規律の整備」「組織的安全管理措置」「人的安全管理措置」「物理的安全管理措置」「技術的安全管理措置」「外的環境の把握」を挙げています。

　なお、従業員の数が100人以下の個人情報取扱事業者のことを「中小規模事業者」といいます（ただし、①事業の目的に利用する個人情報データベース等を構成する個人情報によって識別される特定の個人の数の合計が過去6か月以内のいずれかの日において5,000を超える者、または②委託を受けて個人データを取り扱う者は除きます）。

　中小規模事業者であっても安全管理措置を講じる必要がありますが、ガイドライン上、中小規模事業者は、必ずしも大企業と同等の安全管

理措置を講じなければならないわけではなく、円滑にその義務を履行し得るような手法で足りるものとされています。もっとも、中小規模事業者が、その他の個人情報取扱事業者と同様の手法を採用することは、より望ましい対応であるとされています。

■■ 基本方針の策定

個人情報取扱事業者は、個人データの適正な取扱いの確保について組織として取り組むために、基本方針を策定することが重要であるとされています。ガイドラインによると、具体的に定める項目の例として、「事業者の名称」「関係法令・ガイドライン等の遵守」「安全管理措置に関する事項」「質問および苦情処理の窓口」等が考えられるとされています。

■■ 個人データの取扱いに係る規律の整備

個人情報取扱事業者は、その取り扱う個人データの漏えい等の防止その他の個人データの安全管理のために、個人データの具体的な取扱いに係る規律を整備しなければなりません。

ガイドラインは、その例として、取得、利用、保存、提供、削除・廃棄等の段階ごとに、取扱方法、責任者・担当者およびその任務等について定める個人データの取扱規程を策定することを挙げています。

■■ 組織的安全管理措置

個人情報取扱事業者は、組織的安全管理措置として、以下の措置を講じなければなりません。

① 組織体制の整備

安全管理措置を講ずるための組織体制を整備しなければなりません。具体的には、たとえば、個人データの取扱いに関する責任者の設置および責任を明確化すること、個人データを取り扱う従業者およびその

第 3 章 ◆ 個人情報保護法と顧客情報の管理　　125

役割を明確化すること、これらの従業者が取り扱う個人データの範囲を明確化すること、などが挙げられます。

② **個人データの取扱いに係る規律に従った運用**

あらかじめ整備された個人データの取扱いに係る規律に従って個人データを取り扱わなければなりません。

なお、ガイドラインは、整備された個人データの取扱いに係る規律に従った運用の状況を確認するため、利用状況等を記録することも重要であるとしています。

③ **個人データの取扱状況を確認する手段の整備**

個人データの取扱状況を確認するための手段を整備しなければなりません。具体的には、たとえば、個人情報データベース等の種類・名称や個人データの項目、利用目的、アクセス権を有する者などをあらかじめ明確にしておくことなどが考えられます。

④ **漏えい等事案に対応する体制の整備**

漏えい等事案の発生または兆候を把握した場合に適切かつ迅速に対応するための体制を整備しなければなりません。

なお、ガイドラインは、漏えい等事案が発生した場合、二次被害の防止、類似事案の発生防止等の観点から、事案に応じて、事実関係及び再発防止策等を早急に公表することが重要であるとしています。

⑤ **取扱状況の把握及び安全管理措置の見直し**

個人データの取扱状況を把握し、安全管理措置の評価、見直し及び改善に取り組まなければなりません。たとえば、個人データの取扱状況について、定期的に自ら点検を行うことや、他部署や外部の主体による監査を実施することなどが考えられます。

■■ 人的安全管理措置

人的安全管理措置とは、従業者（従業員など、直接間接に事業者の指揮監督を受けて事業者の業務に従事している者）に対し、安全管理

についての啓発や教育、訓練などを行うことです。ガイドラインによれば、個人情報取扱事業者は、人的安全管理措置として、従業者に、個人データの適正な取扱いを周知徹底するとともに適切な教育を行わなければなりません。具体的には、たとえば、個人データの取扱いに関する留意事項について、従業者に定期的な研修等を行うことや、個人データについての秘密保持に関する事項を就業規則等に盛り込むことなどが考えられます。

　また、個人情報取扱事業者は、従業者に個人データを取り扱わせる際には、個人情報保護法に基づき従業者に対する監督をする必要もあります。

■■ 物理的安全管理措置

　物理的安全管理措置とは、個人情報の所在場所への入退室や、保存している物（ファイル、外部記憶装置など）の管理や、情報そのものに対する安全管理のことです。ガイドラインによれば、個人情報取扱事業者は、物理的安全管理措置として、以下のように、①個人データを取り扱う区域の管理、②機器・電子媒体等の盗難等の防止、③電子

■ 組織的・人的安全管理措置 ………………………………………………

> **組織的安全管理措置**
> ① 安全管理措置を講ずるための組織体制を整備する
> ② 個人データの取扱いに係る規律に従って個人データを取り扱う
> ③ 個人データの取扱状況を確認するための手段を整備する
> ④ 漏えい等事案に適切かつ迅速に対応するための体制を整備する
> ⑤ 個人データの取扱状況を把握し、安全管理措置の評価、見直し、改善に取り組む
>
> **人的安全管理措置**
> 従業者に、個人データの適正な取扱いを周知徹底し、適切な教育を行う

第3章 ◆ 個人情報保護法と顧客情報の管理　127

媒体等を持ち運ぶ場合の漏えい等の防止、④個人データの削除および機器、電子媒体等の廃棄を講じる必要があります。

① 個人データを取り扱う区域の管理

　個人情報データベース等を取り扱うサーバーやメインコンピュータ等の重要な情報システムを管理する区域（「管理区域」といいます）およびその他の個人データを取り扱う事務を実施する区域（「取扱区域」といいます）について、それぞれ適切な管理を行わなければなりません。

② 機器・電子媒体等の盗難等の防止

　個人データを取り扱う機器、電子媒体および書類等の盗難または紛失等を防止するために、適切な管理を行わなければなりません。

③ 電子媒体等を持ち運ぶ場合の漏えい等の防止

　個人データが記録された電子媒体または書類等を持ち運ぶ場合、容易に個人データが判明しないよう、安全な方策を講じなければなりません。ここでいう「持ち運ぶ」には、個人データを管理区域または取扱区域から外へ移動させること、または当該区域の外から当該区域へ移動させることをいいます。そのため、事業所内の移動等であっても、個人データの紛失・盗難等に留意しなければならないとされています。

④ 個人データの削除および機器、電子媒体等の廃棄

　個人データを削除し、または個人データが記録された機器、電子媒体等を廃棄する場合には、復元不可能な手段によって行わなければなりません。また、個人データを削除した場合や、個人データが記録された機器、電子媒体等を廃棄した場合には、削除・廃棄した記録を保存することや、それらの作業を委託する場合には、委託先が確実に削除・廃棄したことについて証明書等により確認することが重要であるとされています。

■■ 技術的安全管理措置

　技術的安全管理措置とは、個人データへのアクセス制御や不正ソフ

トウェア対策などの技術的な安全管理のことです。ガイドラインによれば、個人情報取扱事業者は、情報システムを使用して個人データを取り扱う場合には、技術的安全管理措置として、以下のように、①アクセス制御、②アクセス者の識別と認証、③外部からの不正アクセス等の防止、④情報システムの使用に伴う漏えい等の防止を講じる必要があります。

① アクセス制御

担当者および取り扱う個人情報データベース等の範囲を限定するために、適切なアクセス制御を行わなければなりません。具体的には、たとえば、個人情報データベース等を取り扱うことのできる情報シス

■ 物理的・技術的安全管理措置 ··

物理的安全管理措置

① 個人情報データベース等を取り扱う「管理区域」およびその他の個人データを取り扱う事務を実施する「取扱区域」について、適切な管理を行う

② 個人データを取り扱う機器・電子媒体・書類等の盗難・紛失等を防止するための適切な管理を行う

③ 個人データが記録された電子媒体・書類等を持ち運ぶ場合の安全な方策を講じる

④ 個人データの削除や、個人データが記録された機器・電子媒体の廃棄は、復元不可能な手段によって行う

技術的安全管理措置

① 担当者や取り扱う個人情報データベース等の範囲の限定のため、適切なアクセス制御を行う

② 正当なアクセス権をもつ従業者であることを、識別結果に基づき認証する

③ 外部からの不正アクセス等から保護するしくみを導入・運用する

④ 個人データの漏えい等の防止措置を講じ、適切に運用する

第3章 ◆ 個人情報保護法と顧客情報の管理　　129

テムを限定することや、ユーザー IDによる個人情報データベースを使用できる従業者の限定などが挙げられます。

② アクセス者の識別と認証

個人データを取り扱う情報システムを使用する従業者が正当なアクセス権を有している者であることを、識別結果に基づいて認証しなければなりません。具体的には、たとえば、ユーザー IDやパスワード、ICカードによる識別・認証が挙げられます。

③ 外部からの不正アクセス等の防止

個人データを取り扱う情報システムを外部からの不正アクセスまたは不正ソフトウェアから保護するしくみを導入して、適切に運用しなければなりません。具体的には、たとえば、情報システムと外部ネットワークとの接続箇所にファイアウォールを設置して不正アクセスを防ぐことなどが挙げられます。

④ 情報システムの使用に伴う漏えい等の防止

情報システムの使用に伴う個人データの漏えい等を防止するための措置を講じて、適切に運用しなければなりません。具体的には、たとえば、情報システムのぜい弱性を突いた攻撃への対策を講ずることや、移送する個人データについてパスワードによる保護を行うことなどが挙げられます。

■■外的環境の把握

個人情報取扱事業者が外国において個人データを取り扱う場合は、当該外国の個人情報の保護に関する制度等を把握した上で、個人データの安全管理のために必要かつ適切な措置を講じなければなりません。

「外国において個人データを取り扱う場合」の例としては、個人情報取扱事業者が、外国にある第三者に個人データの取扱いを委託する場合や、外国にある支店・営業所に個人データを取り扱わせる場合などが挙げられます。

7 第三者提供の規制について知っておこう

原則として本人同意を得る必要がある

個人データの第三者提供には原則として本人の同意が必要

　個人情報保護法上、個人情報取扱事業者は、個人データを第三者に提供するに際に、原則として、あらかじめ本人の同意を得ずに提供してはならないとされています。あらかじめ第三者に提供することを予定している場合は、その旨を利用目的として特定する必要があります。例外的に、本人の同意を得ずに個人データの第三者提供が認められるのは、①法令に基づいて個人データを第三者に提供する場合や、②人の生命・身体・財産などの具体的な権利利益が侵害されるおそれがあり、これを保護するために個人データを第三者に提供することが必要であり、かつ、本人の同意を得ることが困難な場合などです。

オプトアウトによる第三者提供とは

　個人データを第三者へ提供する際に、個人情報保護法で定められている一定の事項をあらかじめ本人に通知し、または本人が容易に知り得る状態にしておき、かつ、個人情報保護委員会に届け出た場合には、あらかじめ本人の同意を得ることなく、個人データを第三者に提供することができます（オプトアウトによる第三者提供）。個人情報保護委員会に届け出る必要がある一定の事項とは、①個人情報取扱事業者の氏名・名称、住所、法人等の代表者の氏名、②第三者への提供を利用目的とすること、③第三者に提供される個人データの項目、④第三者に提供される個人データの取得方法、⑤第三者への提供方法、⑥本人の求めに応じて第三者への提供を停止すること、⑦本人の停止の求めを受け付ける方法、⑧第三者に提供される個人データの更新の方法、

第3章 ◆ 個人情報保護法と顧客情報の管理　131

⑨その届出に係る個人データの第三者への提供を開始する予定日、の9つです。届出を行った事項のうち、第三者に提供される個人データの項目等（③、④、⑤、⑦、⑧、⑨）を変更する場合には、変更する内容について、あらかじめ本人に通知し、または本人が容易に知り得る状態にするとともに、個人情報保護委員会に届け出なければなりません。

また、①（氏名・名称、住所、法人等の代表者の氏名）の変更があった場合、および個人データの第三者提供をやめた場合は、遅滞なく、本人に通知し、または本人が容易に知り得る状態にするとともに、個人情報保護委員会に届け出る必要があります。

なお、要配慮個人情報（113ページ）については、通常の個人情報と比べてもプライバシー性が高いことなどから、オプトアウトによる第三者提供をすることはできません。また、オプトアウトによって提供を受けた個人データをさらにオプトアウトによって再提供することや、不正取得された個人データをオプトアウトによって第三者に提供することもできません。

■■ 委託や共同利用などは「第三者」にあたらない

①委託、②事業の承継、③共同利用の場合において個人データを提供することは、形式的には個人データの第三者提供を行っているように見えても、個人データの提供を受ける相手方は、ここでいう「第三者」に該当せず、第三者提供にはあたりません。したがって、あらかじめ本人の同意や第三者提供におけるオプトアウトを行うことなく、個人データを提供することができます。

具体的には、①「委託」については、利用目的の達成に必要な範囲内で、個人データの取扱いに関する業務の全部または一部を委託することに伴って、その個人データが提供される場合をいいます。②「事業の承継」については、合併や分社化、事業譲渡等によって事業が承

継されることに伴って、その事業に係る個人データが提供される場合をいいます。③「共同利用」については、特定の者と共同して利用される個人データをその特定の者に提供する場合をいいます。

この場合、ⓐ共同利用をする旨、ⓑ共同利用される個人データの項目、ⓒ共同利用する者の範囲、ⓓ利用目的、ⓔ当該個人データの管理責任者の氏名・名称、住所、法人の場合はその代表者の氏名を、あらかじめ本人に通知し、または本人が容易に知り得る状態にしているときは、提供先は、個人データを当初提供した事業者と一体のものとして取り扱うことが合理的であることから、「第三者」に該当しないことになります。

■■ 第三者提供をした場合の記録の作成・確認等の義務

個人情報取扱事業者は、個人データを第三者に提供したときは、原則として、当該個人データを提供した年月日や第三者の氏名・名称などの一定の事項に関する記録を作成する義務を負います。この記録は、作成方法に応じて、個人データの提供を行った日から1年または3年間、保存しなければなりません。

また、個人情報取扱事業者は、第三者から個人データの提供を受ける際には、原則として、①当該第三者の氏名・名称、住所、法人の場合は代表者の氏名、②当該第三者による当該個人データの取得の経緯について、個人データを提供する第三者から申告を受ける方法などの適切な方法によって確認をする義務を負います。確認を行ったときは、当該個人データの提供を受けた年月日や当該確認に係る事項などの一定の事項に関する記録を作成しなければなりません。この記録も、作成方法に応じ、個人データの提供を受けた日から1年または3年間、保存しなければなりません。

第3章 ◆ 個人情報保護法と顧客情報の管理　133

8 個人情報保護のためのさまざまな対応

個人データの漏えい等が生じた場合は個人情報保護委員会に報告しなければならない

■■「個人情報保護を推進する上での考え方や方針」の策定・公表

　個人情報保護について事業者としての姿勢を明確にするために、「個人情報保護を推進する上での考え方や方針」を策定し、公表するという方法があります。個人情報の保護に関する法律についてのガイドライン（以下、「ガイドライン」といいます）では、消費者等本人との信頼関係を構築し事業活動に対する社会の信頼を確保するために、「プライバシーポリシー」や「プライバシーステートメント」等を策定し、それをホームページへ掲載すること、または店舗の見やすい場所へ掲示すること等によって公表し、あらかじめ対外的にわかりやすく説明することや、委託の有無、委託する事務の内容を明らかにする等、委託処理の透明化を進めることが重要であるとしています。

■■ 保有個人データに関する事項の本人への周知

　個人情報取扱事業者は、保有個人データについて、以下の①から④までの情報を本人の知り得る状態に置かなければなりません。

① 個人情報取扱事業者の氏名または名称、住所、法人の場合は代表者の氏名

② すべての保有個人データの利用目的（ただし、一定の場合を除く）

③ 保有個人データの利用目的の通知の求めまたは開示等の請求に応じる手続、保有個人データの利用目的の通知の求めまたは開示の請求に係る手数料の額（定めた場合に限る）

④ 保有個人データの安全管理のために講じた措置（ただし、本人の知り得る状態に置くことにより当該保有個人データの安全管理に支

障を及ぼすおそれがあるものは除く）

個人情報に関する業務を外部委託している場合

　経費節減、作業の早期完了などを目的として、自社の業務の一部を外部委託（アウトソーシング）する企業が増えています。たとえば、適正に取得した個人情報をデータベースの形に加工する（個人情報データベース等にする）業務や、商品の発送業務を外部業者（委託先）に委託する場合、委託先が自社の個人データを保有することになります。

　この場合、利用目的の範囲内で外部委託を行う限り、個人データの第三者への提供にはあたらないため、本人の同意の取得やオプトアウト手続（131ページ）は必要ありません。

　しかし、委託元である個人情報取扱事業者には、外部委託に際して、委託先において個人データについて安全管理措置が適切に講じられるよう、委託先に対して必要かつ適切な監督をする義務が生じます。具体的には、自らが講ずべき安全管理措置と同等の措置が講じられるよう監督を行う必要があります。このとき、委託元と委託先の間で必要かつ適切な安全管理措置として同意した内容と委託された個人データの取扱状況を委託元が合理的に把握することを盛り込んだ委託契約書を締結します。また、定期的に安全管理措置の状況について監査を行い、委託された個人データの取扱い状況を把握し、適切な評価を行うことも必要でしょう。

■ 外部委託における事業者（委託元）の義務

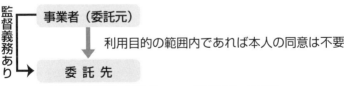

第3章 ◆ 個人情報保護法と顧客情報の管理

■■■ 個人データの漏えい等に対する対応

　個人情報取扱事業者は、その取り扱う個人データの漏えい（外部に流出すること）、滅失（個人データの内容が失われること）、毀損（個人データの内容が意図しない形で変更されることや、内容を保ちつつも利用不能な状態となること）などが生じた場合、または生じるおそれのある事案が発覚した場合には、その内容等に応じて、以下の①から⑤について必要な措置を講じなければなりません。

① 　事業者内部における報告および被害の拡大防止

② 　事実関係の調査および原因の究明

③ 　影響範囲の特定

④ 　再発防止策の検討および実施

⑤ 　個人情報保護委員会への報告および本人への通知

　また、個人情報保護事業者は、ⓐ要配慮個人情報が含まれる個人データの漏えい等が発生し、または発生したおそれがある事態、ⓑ不正に利用されることにより財産的被害が生じるおそれがある個人データの漏えい等が発生し、または発生したおそれがある事態、ⓒ不正の目的をもって行われたおそれがある個人データの漏えい等が発生し、または発生したおそれがある事態、ⓓ個人データに係る本人の数が千人を超える漏えい等が発生し、または発生したおそれがある事態、のいずれかの事態（以下、「報告対象事態」といいます）を知ったときは、個人情報保護委員会に報告しなければなりません。

　なお、個人データの取扱いを委託している場合、ガイドラインによれば、委託元と委託先の双方が個人データを取り扱っていることになることから、報告対象事態に該当するときは、原則として委託元と委託先の双方が報告する義務を負うことになります。この場合、報告は、委託元及び委託先の連名で行うことができます。また、報告義務を負っている委託元に対して委託先が報告対象事態が発生したことを通知したときは、委託先は報告義務を免除されます。

9 保有個人データの開示・訂正等・利用停止等の請求について知っておこう

本人からの請求に応じて対応すべき事項が定められている

■■ 保有個人データの開示の請求

　個人情報取扱事業者は、本人から、その本人が識別される保有個人データ（106ページ）の開示の請求を受けたときは、本人に対し、電磁的記録の提供による方法、書面の交付による方法、その他個人情報取扱事業者の定める方法の中から本人が請求した方法によって、遅滞なく、当該保有個人データを開示する義務を負います。

　ただし、開示することによって、①本人または第三者の生命、身体、財産その他の権利利益を害するおそれがある場合、②個人情報取扱事業者の業務の適正な実施に著しい支障を及ぼすおそれがある場合、③他の法令に違反することになる場合のいずれかに該当するときは、その全部または一部を開示しないことができますが、これにより開示しない旨の決定をしたときまたは請求についての保有個人データが存在しないときは、遅滞なく、その旨を本人に通知しなければなりません。

　また、本人が請求した方法による開示が困難であるときは、その旨を本人に通知した上で、書面の交付による方法により開示を行わなければなりません。

■■ 保有個人データの訂正等の請求

　個人情報取扱事業者は、本人から、その本人が識別される保有個人データに誤りがあり、事実でないという理由によって、内容の訂正、追加または削除（これらをあわせて「訂正等」といいます）の請求を受けた場合は、利用目的の達成に必要な範囲で遅滞なく必要な調査を行った上で、その結果に基づいて、原則として、訂正等を行う義務を

第３章 ◆ 個人情報保護法と顧客情報の管理　　137

負います。利用目的からみて訂正等が必要ではない場合や、保有個人データが誤りである旨の指摘が正しくない場合には、訂正等を行う必要はありません。ただし、その場合には、遅滞なく、訂正等を行わない旨を本人に通知しなければなりません。

また、個人情報取扱事業者は、訂正等の請求に係る保有個人データの内容の全部もしくは一部について訂正等を行ったとき、または訂正等を行わない旨の決定をしたときは、遅滞なく、その旨（訂正等を行ったときは、その内容を含みます）を本人に通知する義務を負います。

なお、保有個人データの内容の訂正等に関して他の法令の規定によって特別の手続が定められている場合には、その法令の規定が適用されることになります。

■■ 保有個人データの利用停止等の請求

個人情報取扱事業者は、以下のいずれかに該当する場合には、保有個人データの利用の停止または消去（これらをあわせて「利用停止等」といいます）、あるいは第三者提供の停止を行わなければなりません。

①　個人情報保護法違反の場合の利用停止等

本人から、その本人が識別される保有個人データが、本人の同意なく目的外利用がされている、不適正な利用が行われている、偽りその他不正の手段により個人情報が取得されたものである、本人の同意なく要配慮個人情報が取得されたものである、という理由によって、利用停止等の請求を受けた場合であって、その請求に理由があることが判明したときは、原則として、遅滞なく、利用停止等を行う必要があります。

②　個人情報保護法違反の場合の第三者提供の停止

本人から、その本人が識別される保有個人データが、本人の同意なく第三者に提供されているという理由によって、当該保有個人データの第三者提供の停止の請求を受けた場合であって、その請求に理由が

あることが判明したときは、原則として、遅滞なく、第三者提供の停止を行う必要があります。

③　個人情報保護法の一定の要件を満たす場合の利用停止等または第三者提供の停止

　本人から、ⓐ本人が識別される保有個人データを当該個人情報取扱事業者が利用する必要がなくなったという理由、ⓑ本人が識別される保有個人データに係る漏えい等の事案が生じたという理由、ⓒ本人が識別される保有個人データの取扱いによってその本人の権利または正当な利益が害されるおそれがあるという理由によって、当該保有個人データの利用停止等または第三者提供の停止の請求を受けた場合であって、その請求に理由があることが判明したときは、原則として、遅滞なく、利用停止等または第三者への提供の停止を行わなければなりません。

▪▪ 保有個人データの利用目的の通知の請求

　個人情報取扱事業者は、一定の場合を除き、本人から、その本人が識別される保有個人データの利用目的の通知を求められたときは、遅滞なく、本人に通知しなければなりません。なお、通知しない旨を決定したときは、遅滞なく、その旨を本人に通知する必要があります。

▪▪ 理由の説明

　個人情報取扱事業者は、開示等の請求等（保有個人データの利用目的の通知の求め、保有個人データの開示、訂正等、利用停止等もしくは第三者提供の停止、または第三者提供記録の開示の請求のこと）に係る措置の全部または一部について、その措置をとらない旨またはその措置と異なる措置をとる旨を本人に通知する場合は、併せて、本人に対して、その理由を説明するように努めなければならないとされています。

第 3 章 ◆ 個人情報保護法と顧客情報の管理　　139

■■ 開示等の請求等に応じる手続

　個人情報取扱事業者は、開示等の請求等において、これを受け付ける方法として、以下の①から④までの事項を定めることができます。
① 　開示等の請求等の申出先
② 　開示等の請求等に際して提出すべき書面（電磁的記録を含む）の様式、その他の開示等の請求等の受付方法
③ 　開示等の請求等をする者が本人またはその代理人であることの確認の方法
④ 　保有個人データの利用目的の通知または保有個人データの開示をする際に徴収する手数料の徴収方法

　これらの開示等の請求等を受け付ける方法を定めた場合、本人の知り得る状態（本人の求めに応じて遅滞なく回答する場合を含みます）に置かなければなりません。

■ 開示・訂正等、利用停止等の請求

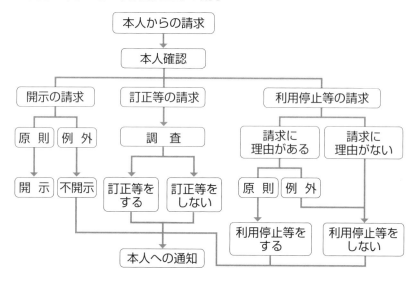

開示請求に対する回答書

回答書

○○○○殿

貴殿から提出されました開示請求書記載の件につき、下記のとおり(開示する・開示しない)ことと決定いたしましたので、ご通知申し上げます。

【開示の対象】

○○○○○○○○○○○○○○○○○○○○○○○○○○○○○○○○○○○○○○

【謄写の費用】

謄写の費用として金○○○円をお支払いいただきますようお願い申し上げます。

※○月○日までに、当社にあらかじめご連絡の上、お越し下さいますようお願い申し上げます。

【不開示の理由】

○○○○○○○○○○○○○○○○○○○○○○○○○○○○○○○○○○○○○○

令和○年○月○日

　　　　　　　　　　　　株式会社○○○○
　　　　　　　　　　　　　代表取締役　○○○○
　　　　　　　　　　　　　担当者　　　○○○○

10 窓口対応のポイントについて知っておこう

請求者、要求内容、理由などを正確につかみ、請求の正当性を確認する

開示等の求めとは

　個人情報取扱事業者が持つ保有個人データについては、事業者の氏名、利用目的などの事項を本人の知り得る状態に置くこと（個人情報保護法32条）、本人から開示、訂正、利用停止などの求めがあった場合に、それに応じる義務が定められています（個人情報保護法33〜35条）。

　保有個人データの開示を求められた場合は、書面の交付または本人の同意した方法で開示をしなければなりません。

　訂正、追加または削除を求められた場合は、「保有個人データの内容が事実ではない」という理由が必要です。利用目的の範囲内で調査をし、その結果に基づいて訂正などに応じなければなりません。利用停止、消去の求めについては、本人に通知または公表されている利用目的を逸脱して情報が利用された場合、個人情報の取得が不正に行われたことが認められる場合や本人の同意なく第三者に情報が提供された場合には、違反を是正するために必要な範囲内で求めに応じる必要があります。ただし、利用停止や消去に多額の費用がかかるなどの理由で求めに応じることが難しい場合には、本人の権利利益を守ることができるような他の方法をとることもできます。また、開示などの求めを受け付ける際に、個人情報取扱事業者は、受付窓口や提出すべき書面の様式、本人確認の方法などを決めることができます。

手数料はかかるのか

　法律上は、利用目的の通知または保有個人データの開示を求められ、

142

これに応じる場合に手数料を徴収することが認められています（個人情報保護法38条）。金額については「実費を考慮して合理的であると認められる範囲内で」決めるように規定されており、通常は通知・開示にかかる実費（郵送料、FAX料など）、書類作成にかかる人件費などを考慮して設定されることが多いようです。

　手数料の徴収は、本人以外からの開示などの請求を阻止する効果や、何らかの報復や嫌がらせのために請求を行うことを阻止する効果も期待できます。徴収の際には窓口での現金払いの他、回答を郵送する際に振込用紙を同封する、郵便小為替を利用するといった方法がとられることが多いようです。

■■ 窓口体制の整備と担当者の対応方法

　個人情報保護法は、個人情報の取扱いに関する苦情に適切かつ迅速に対応するため、必要な体制を整備するよう努力義務を課しています（40条）。保有個人データの開示などについて本人から請求がある場合には、苦情を伴うケースが多いため、窓口体制を整備する際にはそのあたりも考慮しておく必要があります。まず、商品や取引への苦情と、個人情報の取扱いに関する苦情は、法的な根拠なども異なりますので、事後の対応も違ってきます。できれば専門の担当窓口を設置しておくことが望ましいでしょう。通常は、個人情報保護の担当者を設置するか、お客様相談センターなどで受け付けるといった体制を整備することが多いようです。

　窓口での応対では、「請求しているのが本人（または正当な代理人）であるかどうか」「要求の内容、理由は何か」などを正確につかみ、請求の正当性を確認することが重要になります。窓口担当者に対しては、法律、政令やガイドライン、また、自社の個人情報保護方針（プライバシーポリシー）などの理解を深め、適切な受け答えをするための研修を定期的に行う、必要に応じて責任者に対応を任せるといった

第3章 ◆ 個人情報保護法と顧客情報の管理　143

手順を徹底するなどの教育・訓練が求められます。

　請求の正当性が確認できた後に、請求を正式に受理するために必要な書類などを渡さなければなりません。手渡し、郵送などの他、便利なのがインターネットからのダウンロードです。ホームページ上に記載例などを掲載しておくと、より効果的でしょう。

■■ 本人確認の方法

　窓口対応の中でも難しいのが本人確認の手順です。「なりすまし」などを防止する手順を構築しておく必要があります。たとえば来所した人に対して本人確認する場合には、運転免許証、パスポートや社員証など写真入りの身分証明書の提示を求める、印鑑証明と実印、マイナンバーカードなど公的な書類の提示を求めるといった形で確認をします。電話の場合はいったん切ってかけ直す（コールバック）、保有個人データに記載された情報（生年月日など）を尋ね、回答してもらうなどの方法があります。

■■ 代理人の範囲とは

　未成年者や認知症を発症した高齢者などの場合、個人情報の取扱いについて何らかの不利益を被っていたとしても、自分で開示などの請求をすることは困難です。また、仕事の都合や心身の状態によっては、手続ができない人もいます。そのため、代理人による開示などの請求も認められています。その範囲は個人情報の保護に関する施行令第13条に次のように規定されています。

① 　未成年者または成年後見人の法定代理人
② 　開示などの求めをすることにつき本人が委任した代理人

　代理人が請求する場合は、保有個人データの本人に関する確認およびこれと同等の代理人に関する確認が必要になります。代理人には弁護士など法曹関係者がなることも多いので、弁護士会の登録番号など

を確認しておくとよいでしょう。さらに、本人の開示請求に関する代理人であるという関係性を証明するもの（委任状など）を確認します。

■■ 請求への回答方法は

これらの方法によって、本人（または代理人）かどうかを確認した上で回答を行うわけですが、利用目的の通知や情報の開示を求められている場合は、書面などで回答する必要があります。この場合、できればその場で手渡しするのではなく、書留郵便などを使って送付するようにし、安全性を高めましょう。訂正などの請求を受けた場合は、その請求内容についての調査をし、その結果によって訂正などを行うことになります。訂正などを行ったら、本人に対してその内容をすぐに通知をしなければなりません。通知の方法については法律上特に規定はありませんが、できれば開示の場合と同様、書面などで通知することが望ましいでしょう。

利用停止などの請求については、開示・訂正などよりもさらに条件が絞られており、違反や不正などがあった場合に限り、利用停止等に応じればよいことになっています。利用停止などの手続を行った際には、開示・訂正などと同様、できるだけ早く通知を行わなければなりません。

■■ 開示等をしなくてもよい場合とは

本人からの開示請求には、原則として応じなければなりませんが、次の事項に該当する場合は情報の全部または一部を開示しなくてもよいとされています。

① **本人または第三者の生命、身体、財産その他の権利利益を害するおそれがある場合**

医療機関において、病名を開示することで本人の心身状況を悪化させるおそれがある場合など。

第 3 章 ◆ 個人情報保護法と顧客情報の管理　　145

② 事業者の業務の適正な実施に著しい支障をきたすおそれがある場合

　試験実施機関において、採点情報のすべてを開示することによって、その試験制度の維持に著しい支障を及ぼすおそれがある場合など。

③ 他の法令に違反することになる場合

　刑法第134条（秘密漏示罪）や電気通信事業法第4条（通信の秘密の保護）に違反することとなる場合。

　訂正等の請求の場合、訂正等の対象になるのは氏名の1字違いや住所変更など事実の部分であり、人事評価などの部分に関しては対象外になるため、訂正などを行う必要はありません。

　利用停止などの請求の場合、たとえば、第三者提供を目的として個人情報を取得した名簿業者などから正当な手続を経て個人情報を取得し、ダイレクトメールを送付したというようなケースでは、送付先の個人から法に違反するとして利用停止を請求されたとしても応じる必要はありません。ただし、ダイレクトメールの送付を受けた本人から、送付の停止を求める意思を表示されたにもかかわらず、個人情報取扱事業者がダイレクトメールを繰り返し送付したために、本人が利用停止等を請求するようなケースでは注意が必要です。この場合、「本人の権利又は正当な利益が害されるおそれがある場合」として利用停止が認められる事例と考えられます。また、ダイレクトメールを送付するために個人情報取扱事業者が保有していた情報について、個人情報取扱事業者がダイレクトメールの送付を停止した後、本人が消去を請求した場合には、「利用する必要がなくなった場合」として利用停止等が認められるケースと考えられます。

　一方で、たとえば、電話の加入者が、電話料金の支払いを免れるために、電話会社に対して料金の支払いに必要な情報の利用停止等を請求する場合には、「本人の権利又は正当な利益が害されるおそれがない」として利用停止等は認められません。

第4章

クレーム・リコールの
リスクと対策

1 顧客クレームへの対応について知っておこう

問い合わせ対応の出来は、企業の将来を左右する

■■「クレーム＝嫌がらせ」と捉えてはいけない

クレームとは一般に、消費者が購入した商品や受けたサービスなどについて、それを提供した企業などに対し、進言することをいいます。進言の内容は、相談や要求、提案などといったことが挙げられます。

最近は、過剰な要求を行ったり、商品やサービスに不当な言いがかりをつける不当・悪質なクレーム、いわゆるカスタマーハラスメントが注目を浴びています。カスタマーハラスメントの事例は、テレビなどマスコミでもたびたび取り上げられ、社会問題の一つとして認識されてきています。このような事例だけを見ると、企業側としてはクレームそのものが対応に苦慮する厄介ごとのように映るかもしれません。しかし、本来、「クレーム」という言葉には「主張する」という意味があります。「消費者側にもクレームを言う正当な理由がある」ということです。すべてのクレームが単に嫌がらせをしようとしている、過剰な要求や商品やサービスへの不当な言いがかりをつけるもの、というわけでないということを理解することが、クレーム対応の第一歩だといえるでしょう。

■■ クレームを分類してみよう

クレームには、大きく分けると正当なクレームと、悪質なクレーム、いわゆるカスタマーハラスメント（以下、悪質なクレーム）の2つがあります。正当なクレームと悪質なクレームとでは、対応の仕方が全く異なりますので、クレームが届いたら、まずどちらに分類されるかを判断する必要があります。

正当なクレームと判断する要件としては、①クレームを言う根拠と

なる事実があること、②改善や賠償などの要求がある場合にそれが正当なものであること、などが挙げられます。この要件を満たさないものが悪質なクレームとなるわけですが、クレームが届いた時点ではっきりとこれを二分できるかというと、そうではありません。場合によっては「もともとは正当なクレームであったにもかかわらず、企業側の対応が悪かったために要求がエスカレートしてしまった」など、企業側の対応が悪質なクレームを育ててしまうこともあるのです。そのクレームの内容を確認し、早急に分類しなければならないのはもちろんですが、その過程で消費者にさらなるクレームのきっかけを作ることがないよう、迅速かつ丁寧に対応することが求められます。

■■ お客様からの問い合わせから顧客の本音を読み取る

　お客様の声は、商品を改善する最高のデータです。また、実際の対応で改善を重ねることにより、対応そのものが楽にできるようになり

■ クレーム対応の適否が及ぼす影響 ……………………………………

第4章 ◆ クレーム・リコールのリスクと対策　149

ますし、上手な対応ができれば、普通のお客様を「お得意様」に変えることも可能です。問い合わせを改善に結びつけるには、その問い合わせから、お客様の本音を読み取らなければなりません。その際に問い合わせ票等を作成すれば、有効なツールになります。顧客の要望・苦言などを把握し、自社のサービスに反映させるためには、あらかじめ、顧客の意見を把握できるような書面を用意しておくことが大切です。

■■ どんなことに気をつければよいのか

お客様からの問い合わせ対応で重要なことは、以下の9点です。

① フリーダイヤルによる電話対応とメールなどによる対応の2種類を用意しておく

② 対応は迅速に行う。電話は3コール以内に受電し、また営業時間中のメールであれば、20分以内に回答する

③ できる限り詳細な問い合わせまたはクレーム対応マニュアルを作る

④ 顧客の話を十分に聞き、確認をする

⑤ 顧客には言い訳しない

⑥ 問い合わせ担当者には責任と権限をはっきりさせ、十分な報酬と定期的な配置換えを行う

⑦ 問い合わせの管理責任者を置く

⑧ 問い合わせ票を作成する

⑨ 在庫管理を徹底し、欠品を防ぐ

問い合わせやクレームは、通常は直接触れ合うことのないお客様の意見を知ることができる数少ないチャンスです。うまく対応できれば、お客様の信頼が増しますし、失敗すれば、二度と利用してもらえなくなってしまいます。したがって、まず、一番大切なのは、お客様の気持ちを察して対応することです。問い合わせの手段を複数設け、迅速に対応することが大切です（①②）。そして、実際の対応では、お客様を第一に考えているという姿勢を見せることです（④⑤）。

150

さらに、対応にミスがないよう、社内全体で詳細な対応方法を作成します（③）。対応するスタッフにはできる限りストレスがかからないよう工夫すると同時に、ストレスに報いるような制度を作る必要もあります（⑥）。

　問い合わせの管理責任者は、ネットショップのトップが就任すれば、仕事の責任の重大さがスタッフに伝わると同時に対応するスタッフも仕事へのモチベーションがアップします（⑦）。

　最後に問い合わせを通じて業務や商品の改善に役立てるために、問い合わせ票を作成し、問い合わせ担当以外のスタッフも情報を共有できるような体制にします（⑧）。問い合わせ票には、問い合わせ担当者

■ **クレーム対応の流れ**

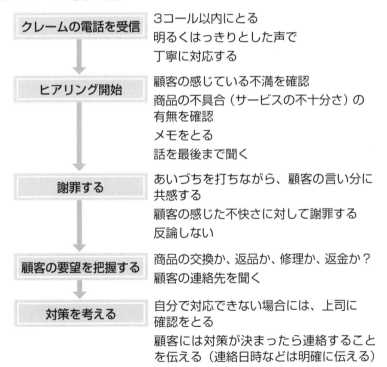

以外のスタッフがチェックすることによって、対応漏れを防ぐという効果も期待できます。また、お客様からのクレームは、多くのケースで欠品が原因であることが多いため、欠品を防ぐ注意が必要です（⑨）。

聞き取りには順序がある

　クレーム対応の一連の流れは、顧客からの連絡が発端となります。したがって、クレームに発展する問題が生じた場合の事実確認の聞き取り順序としては、まずは顧客からの聞き取りが最初となります。次に、その顧客から聞いた話をもとにして、クレーム発生時にそれを見聞きした者や、クレーム対象者の周囲の者などの第三者からの聞き取りを行います。第三者への聞き取りを行い、最後にクレームの対象者や対象となる物を扱っている人など、直接クレームに関わる人からの聞き取りを行います。ポイントは、顧客からの聞き取りを行ったら、第三者からの聞き取り調査を行って客観的な事情をつかむことです。その後にクレームの対象者から話を聞くと、第三者からの聞き取り過程を経ずにいきなりクレーム対象者からの聞き取りを行った場合よりも、客観的な事実関係を把握することができます。

謝罪をする際の注意点

　実際に、お客様からのクレーム対応をする際には、顧客側が感じている不満などを十分にヒアリングする必要があります。販売している製品についての不具合、提供しているサービスの不十分さなど、顧客が受けた製品やサービスが不完全であったのかどうかを把握する必要があるのです。顧客の話を聞くときにはメモをとり、クレームの内容を適確に把握するよう努めましょう。

　クレームの電話を受けたら、時折あいづちを打ったり、顧客の言葉に共感しながら、顧客側の言い分をしっかりと聞くようにします。こうした姿勢によって、顧客に「受け入れてくれた」という感情が芽生

え、その後の話がしやすくなる可能性が高くなります。

　次に、謝罪の言葉を述べます。しかし、製品やサービスに落ち度がなかった場合や、その可能性がまだ把握できない時点では、その製品などの非を認めるかのような謝罪は、後々大きな問題に発展する可能性があります。ここでは、顧客が感じた不快さに同調するような謝罪が効果的です。この時点で「すべては当社の落ち度によるものです。責任を持って対処させていただきます」などの全面的な謝罪はしないようにします。相手を不快にしたことについての謝罪が終わったら、顧客が「何を求めているのか」を把握します。商品の交換や返品、修理や代金の返金など、顧客の求めていることを察知することが重要です。

　自分の判断でその処理を行えない場合には、上司や他の担当者に電話を代わるか、後日改めて連絡をするなどの方法をとる必要があります。こちらに全く非がないような場合には、顧客がすべての話を終えてからていねいに、ゆっくりと説明を行います。その際、「反論の弁」にならないよう、言葉遣いなどに気をつけて行う必要があります。

　対応の終わりには、顧客に対して「ご指摘を頂きまして大変ありがとうございました」と、感謝の気持ちを表すことも重要です。

■ クレーム対応時のポイント ……………………………………………

▌共感していることを伝える

相手の話をさえぎらない
あいづちを打ちながら最後まで聞く
相手が不快だと感じたことについて共感する

すぐに反論する
相手の話を否定する
相手のせいにする
責任転嫁をする

▌謝罪・感謝の言葉を述べる

相手を不快にさせたことについて謝罪する
商品を買ってくれたこと、サービスを利用してくれたことなどに対して感謝の言葉を述べる
指摘してくれたことについて感謝をする

原因が判明していないのに全面的に謝罪する
反論ばかりして一言も謝罪の言葉を述べない

2 クレーム処理にあたって必要なことは何か

クレーム処理マニュアルを作成することが大切

■■ 明確な基準や指針を作ることの大切さ

　企業としては、誰が対応しても一定の対応ができる、という体制を作ることが重要です。そのためには、クレームにどのように対応するかという姿勢や方針を定めておき、全社員に周知徹底すること、その上でそれぞれの力量に応じた対応ができるようにするといったことが必要になります。具体的には、対応者に認める裁量の範囲を明確に定めておくとよいでしょう。こうしておくことで対応者も自信をもって対応することができるだけでなく、迅速な対応が可能になります。

■■ 責任の所在をはっきりさせる

　責任の所在をはっきりさせることは、特に注意すべき点だといえます。顧客は、クレームの対応方法を通してその企業の姿勢を見ています。

　初期対応を誤ると、クレームはさらにエスカレートしてしまうことが多いため、とにかく素早く対応し、責任の所在をはっきりさせることが重要です。

　そのためには、事前にどの部署が対応するのかを社内ではっきりさせておく必要があります。想定できる内容が複数の部署にまたがるような場合であっても、窓口は一本化しておくことが重要です。対外的な窓口を一つにして、まずそこですべての対応を引き受けます。

　そして、その窓口の担当者が顧客の話をヒアリングして、対応できるものについてはその場で対応し、それが難しい専門的な内容などについては、それに応じた部署につなぐようにします。

　一次窓口の役割は、素早い対応と責任の所在の明確化にあります。

その場で対応できない内容について、あらかじめリストアップしておくようにして、各部署に振り分ける基準を明確にしておきます。各部署では、一次窓口から振り分けられた際に対応する者を事前に定めておきます。内容については、対応基準や裁量についても定めておくようにします。そして、一次窓口から振り分けられた案件については、対応の進捗状況を含めて一次窓口にフィードバックすることが大切です。つまり、「クレーム案件についての情報を全社的に共有できるようにしておく」ということです。

■■ クレーム処理後のデータの保存と隠ぺいの防止

クレーム処理が一通り終わったら、クレームの発生から対応、交渉、解決、アフターフォローまで、一連の実施事項を時系列的にまとめたクレーム処理伝票などの記録を作成します。クレーム処理伝票が必要な理由は、①今後発生するクレーム案件をより効率的に処理するための貴重なツールとなること、②顧客からの不満をもとに自社の商品・サービスの改善に役立てること、という点にあります。

■■ 対応した案件は必ずデータベースとして保存する

データベースの作成には内容の統一・充実と閲覧のしやすさが必要不可欠です。内容については、①統一書式を作る、②クレームの発生から解決までを時系列的に事実関係の記述のみでまとめる、③解決できた事例も、できなかった事例も漏れなくデータベースに入れる、④解決できた案件の場合はその要因を記載し、解決できなかった場合は失敗の原因を細かく記載する、の4点が必要です。統一書式がないと閲覧しにくいですし、記載すべき情報が漏れてしまうおそれがあります。解決できた案件もできなかった案件もデータベース化により、今後の大きな参考になるからです。また、それらに要因分析を加えておけば、より質の高いデータベースとなります。

第4章 ◆ クレーム・リコールのリスクと対策　　155

ただし、クレーム案件の中には人にあまり知られたくないケースもあります。会社としては、隠ぺいが起こらないような社内システムを構築しなければなりません。具体的には、①データ作成を義務付けて必ず上司などがチェックする、②失敗は失敗として決して担当者を責めない、といった社内ルールの導入が有効です。

■■ クレーム処理マニュアル作成の重要性

マニュアルは、以下の①～⑧の流れを踏まえた上で作成します。

① **不快な気持ちを抱かせたことに対して謝罪する**

あくまでも顧客を不快にさせたことに限って謝罪するという点が重要です。会社が非を認めたように取られるような謝罪はこの時点では絶対にしてはいけません。

② **顧客の話を真摯に聞く**

自分の主観や憶測を決して入れないでじっくりと顧客の話を伺うことです。顧客の気持ちを鎮めるために顧客の言ったことを繰り返したり、「なるほど」「そのとおりですね」など共感したりする言葉を入れることが効果的です。しかし、前述したように、会社の非を認めるようなことを安易に口にしてはいけません。

③ **事実を時系列的にまとめる**

確認や質問のテクニックを駆使して、顧客から足りない情報を引き出し、時系列的に事実を簡潔にまとめます。

④ **対応策を考える**

クレームの原因が会社側に責任のあるものなのか、顧客の過失などによるものなのかを判断します。会社の責任と顧客自身の責任の範囲や程度を見極めます。

⑤ **対応する**

対応はあくまで、会社の責任の範囲内で社会的に正当なつぐないをする、というスタンスで行います。顧客が全面的に悪い場合は丁寧な

■ マニュアルの作成と見直し　……………………………………

▼ 基本思想の決定

```
┌─────────────────────────────────────┐
│ 社員個人に対する行動指示                │
│   ┗▶ クレームの拡大化の防止           │
│       ・常に顧客の立場に立って迅速に対応すること │
│       ・全社員が対応できること          │
│                                     │
│ 組織に対する行動指示                   │
│   ┗▶ クレームを事業拡大のチャンスにつなげる │
└─────────────────────────────────────┘
```
決定

▼ マニュアル作成
　※クレーム処理の流れに応じて作成する

●クレーム処理の流れ　　◎マニュアルへの記載内容

顧客を不快な気持にさせたことへの謝罪	謝罪の範囲・方法など
顧客の話の聞き取り	相槌の打ち方、確認事項など
聞き取り内容の整理（時系列的にまとめる）	顧客への再確認の仕方など
調査の実施・報告・解決策の策定	調査の実施方法や報告書のまとめかたなど
具体的な対応	調査の結果報告のしかた、解決案の提案のしかたなど

```
╭─ Point ──────────────────────────────╮
│ ※常に改善の余地がないか意識する          │
│ ※改善の余地があればすぐに改善してマニュアルに反映させる │
╰──────────────────────────────────────╯
```

第4章 ◆ クレーム・リコールのリスクと対策　157

姿勢を示しながら、顧客に責任があることをはっきりと伝えます。会社に責任がある場合は、まず心から謝罪し、次に責任の範囲や程度、そう考える理由、それに対する補償・賠償や理由を説明します。自分だけで判断できない場合は、社内で検討する旨を伝え、明確な期限を設けて検討結果は速やかに連絡することを約束します。

⑥　感謝の気持ちを表す

クレームは事業を拡大させるヒントにあふれた貴重な情報です。それを提供してくださった顧客に感謝をするのは、当然のことです。

⑦　クレーム情報を分析し、再発防止策を策定する

場合によっては役員による会議も開き、対策を練ります。クレーム伝票の作成と、上司による承認を受け、データベース化します。

⑧　再発防止策を実行する

データベースをいつでも誰でも閲覧できるようにし、社員教育なども通じて再発防止を徹底します。

マニュアル作りは、上記の８つの行動の流れの中に個々の具体的な対応方法を書き込む作業です。具体的には謝罪の言葉の具体例、話を真摯に伺う際のあいづちの打ち方、メモの取り方、対応策の種類、対応の際の顧客への接し方、クレームを伝えてくれたことへの感謝の言葉の具体例、クレーム情報の分析の仕方、再発防止策のまとめ方、再発防止策の徹底した実行のための方策の作り方、などを書き込んでいきます。

なお、前述した①～⑧の８つの流れの個々の部分を実際に運用しながら、常に「改善できないか」という考えを持ち、改善の余地があると気づいたら、躊躇なく改めることが重要です。また、クレーム処理の一連の流れを把握できるマニュアルとともに、顧客の意見・要望・苦情を受けた場合の対応の仕方を会社の「お客様対応基本規程」などの社内規程で文書化しておくことも大切です。基本的なお客様対応に関する考え方や要点を規程に記載し、詳細についてマニュアルに記載することで両者を使い分けることもできます。

158

3 リコールはどんな場合に行われるのか

「製品の安全性に疑いがある場合」は速やかにリコールに着手するのが原則

■ リコールとは何か

製品の欠陥が原因となって事故が発生することがあります。リコールとは、製品による事故の発生及び拡大可能性を最小限にすることを目的に、企業が行う対応をいいます。具体的には、①製造、流通及び販売の停止／流通及び販売段階からの回収、②消費者に対するリスクについての適切な情報提供、③類似の製品事故等未然防止のために必要な使用上の注意等の情報提供を含む消費者への注意喚起、④消費者の保有する製品の交換、改修または引取り、を指します。

リコールの実施は、法律や政省令で義務として定められています。

製造事業者または輸入事業者は、製品事故等の未然防止及び拡大を防止するため必要があると認める場合は、自主的にリコールを実施することが求められています。また、販売事業者、流通事業者、修理事業者、設置事業者等は、リコールの実施事業者から要請があったときはリコール対応に協力することが望まれています。

その他、部品製造事業者に外注した部品の不具合が原因で事故が発生した場合であっても、リコールを実施する事業者は原則として「完成品の製造事業者」になります。部品・原材料製造事業者は、「完成品製造事業者」が実施するリコールに関する諸費用の分担等につき、必要に応じて対応することが求められます。しかし、消費者に対して責任をもって対応するのは、部品に原因がある場合でも、原則、「完成品製造事業者」です。

第4章 ◆ クレーム・リコールのリスクと対策 **159**

なぜリコールを行うのか

「製品の事故は起こり得る」という前提で日頃からリコールに備える準備をしっかりと行い、製品事故等の発生または兆候を発見した段階で、迅速かつ的確なリコールを自主的に行うことが非常に重要です。欠陥等の兆候や製品の事故等の発生を、恣意的でないにしても隠匿する結果となったり、まして虚偽の情報を公開することは、消費者を危険な状況にする行為であり、社会から許されるものではありません。また、特に消費者への人的危害が発生・拡大する可能性があることを知っていながら適切なリコール等の対応を行わず、結果的に重大な被害を発生させてしまった場合には、行政処分の対象となるだけではなく、損害賠償責任、刑事責任を問われる可能性もあります。

迅速かつ的確にリコール対応を行うことで、事業者が、消費者をはじめ、社会全体から信頼を取り戻すことができるのです。リコール対応も CRM（Customer Relationship Management）の一環として、その管理手法やそこで取得した情報を活用することで、消費者との結びつきをより強固なものとして、事業者・製品に対するファン心理の向上や、ロイヤリティの向上に役立てることが可能となります。

完成品製造事業者とは

リコール対応を検討する際には、経済産業省が公表する「消費生活用製品のリコールハンドブック」を参考にするとよいでしょう。消費生活用製品のリコールハンドブックでは、第Ⅰ章〜第Ⅳ章で、リコール対応におけるフェーズごとの対応内容が記載されています。これからリコールを開始する事業者、これから発生しうるリコールに備えたい事業者、そして、リコールを開始しており改修状況などの動向分析に悩んでいる事業者に向けたハンドブックになっています。

▓▓ 判断する際に必要な基準とは

消費者保護の観点からは、リコールは過剰に行うぐらいの姿勢が望ましいのですが、コストをかけ過ぎてしまうのも極力避けたいところです。経営者としては、コストと相談しながら決断をするのは当然のことです。そういった経営者の悩みに応えるため、経済産業省は「消費生活用製品のリコールハンドブック」において、意思決定にあたっての判断要素を提示しています。これによれば、リコールを実施するかの判断基準は、①被害の質・重大さ、②事故（被害）の性格、③事故原因との関係、の3点とされています。

①の「被害の質・重大さ」については、人的被害の有無、大小について、まず判断しなければならず、被害の拡大可能性、多発性についても検討が必要とされています。また、特に注意すべき点として、以下の3点が示されています。

ⓐ死亡等の重篤な人的被害が発生するケースでは、特に迅速にリコールの実施を決定する必要がある。ⓑ結果が物的損害のみであっても、間接的に人的被害の可能性がある場合は、人への被害があり得ると判断しなければならない。ⓒ人的被害でも、乳幼児、子供、高齢者、障がい者等が被害を受ける場合には、特に注意が求められる。

②の「事故（被害）の性格」に関しては、同様の製品事故等が発生する可能性がある場合（明らかに単品の不良と断定ができない場合）は、多発・拡大の可能性があるものと判断すると明記されています。また、多発・拡大の可能性について、同型式製品、別型式の製品、そして、他社の製品を含んだ多発・拡大の可能性に分類することができ、それぞれの場合に対応した情報の共有・共用が必要であると注意喚起しています。さらに、他社の製品を含んだ多発・拡大の可能性について、事故原因が、他社も使用する共用の部品や共用の材料にある場合、または共通の設計や共通工程で製造した中間部品などにある場合には、複数の事業者間の製品で事故が発生する可能性があることを指摘しています。

　③の「事故原因との関係」については、ⓐ製品欠陥か、ⓑ消費者の誤使用か、ⓒ修理・設置工事ミスか、ⓓ改造による事故か、ⓔ経年劣化かを判断要素として示しています。

　ⓐの欠陥かどうかに関しては、リコールを判断する際の必須の判断要素ではないとしています。しかし、重要なのは、消費者の安全・安心を第一に考えて対応することであり、企業の社会的責任として、まず消費者の安全確保を優先し迅速な対応を検討することである点が強調されています。また、ⓑ消費者の誤使用については、製造業者側が想定していない消費・使用・利用方法によって被害が生じた場合でも、被害の頻度や大きさによってはリコールを検討すべき場合があるとしています。製造者の過失の有無はともかく、最悪のケースを考え、それを阻止するという姿勢で臨むべきというリコールの原則を踏まえた指導だといえるでしょう。そして、ⓔ経年劣化に関して、事業者は、長期使用製品安全点検制度や長期使用製品安全表示制度についての理解を深め、安全を確保するとともに、将来導入する製品の経年劣化によって発生するリスクの低減策を十分に検討する必要があることも明記されています。

4 社内体制の整備と消費者への情報提供の仕方

まずは実施計画を作成する。警戒報告を忘れないこと。

■■ マニュアルを作成する

製品事故等の発生や欠陥等の兆候を発見した場合、必要な対応を行わなかったり、必要な手順を間違えると、消費者の被害が拡大するばかりではなく、事業者自身の信用や事業の継続性を大きく阻害することになります。このような事態に陥らないためにも、あらかじめ対応マニュアル等を作成・整備し、いざというときに組織的に迅速に対応できるようにする必要があります。

対応マニュアルの検討・整備の際には、リコールの意義やとるべき行動を全役員・従業員が共有できるものを作成するよう心がけることが重要です。マニュアルに必要な基本事項は、①基本方針の明示、②情報伝達システム及び意思決定体制の整備、③報告等を要する機関等の確認、④リコール実施の判断基準の策定です。

■■ リコールプランを作成する

本部の設置と共にリコールプランを策定する必要があります。リコールプランとは、リコールを実施する際の対応方針のことであり、社内・社外に対する企業の姿勢を明確にしたものです。プランに入れる項目は、①リコール方法の検討、②リコール対象数・ターゲットとなる対象者の特定、③リコール実施率の目標設定と評価基準の検討、④販売・流通事業者等への情報提供及び協力の依頼、⑤リコール実施のための経営資源の検討、です。ここでは、リコール対象数・ターゲットとなる対象者の特定、リコール実施率の目標設定と評価基準の検討、リコール実施のための経営資源の検討、について解説します。

第4章 ◆ クレーム・リコールのリスクと対策　163

リコール製品の対象数の特定にあたっては、事故が発生する可能性を限りなくゼロに近づけることを念頭に置いて設定する必要があります。そのため、基本的には、リコール製品の全出荷量（より厳密には、全出荷量から流通及び販売前の段階にあるものを除いた数量）がリコール対象数として設定されることが望ましいです。

　保有する所有者の情報や販売事業者から購入者の情報の提供を受けるなどして、市場に流通している対象製品のトレーサビリティを確認できるところまでは実施し、消費者または出荷先を最終的に特定します。特定できた状況に応じて、リコールを実施する場合の効果的な告知手法及びリコール方法を検討することになります。

　リコール実施率の目標設定と評価基準については、リコールを実施する時に採用するそれぞれの方法をいつまで実施して、どのくらいの期間で、どの程度の実施率が達成されるのか、といった目標の設定と評価基準を検討します。採用する方法によって、効果が現れるまでの時間や効果が持続する期間には違いがあるため、設定した期間において目標としている実施率が達成できているか否かを評価することにより、活動の見直しを効率的に行うことができます。

　経営資源に関しては、リコールの実施は自社の日常業務に新たな負荷が発生することになります。このため、決定した実施方法の実現に必要な経営資源の内容を明らかにして、調達すべき資源の質・量の見積もりを行います。経営資源の調達・投入にあたっては、内製化するか、外製化するかを区別することが重要です。

■■ リコールの実施状況の継続的監視・評価（モニタリング）

　リコールは、策定したリコールプランどおりに進まない可能性もあります。そこで、リコールがどの程度有効に機能しているかということを把握するために、リコールの実施状況の継続的監視・評価、いわゆるモニタリングを行う必要があります。このモニタリングを適正に

行うことで、実施中のリコール方法の妥当性を評価することができ、消費者への製品事故の被害の可能性を低減させ、リコール方法を改善することが可能になります。こうしたモニタリング活動を行うことが、リコール実施事業者と関係者の信頼回復や、その後の製品安全管理体制の充実に結びついていくことになります。モニタリングでは、どの告知方法がどれだけ有効に機能しているか、個々の告知方法等のリコール実施方法に問題はないかといったモニタリングデータの分析などを通じ、並行して得られた経験と知識をPDCAサイクルに則って今後の再発防止などに活用することが重要です。

■■■ 経過報告を忘れない

　リコールは社会を動揺させるおそれのある事故ですから、関係する行政機関への経過報告を一定期間ごとに必ず行わなければなりません。

　その際には、リコールの進捗状況を正直に、わかりやすく報告書にまとめて提出する必要があります。また、被害者や被害者になるおそれのある消費者にも経過報告は必要です。この場合は、行政機関への報告よりもさらにわかりやすい内容の経過開示を工夫することが求められます。この作業はリコール対象製品による事故発生の可能性が合

■ 家電製品のモニタリングのしかた ……………………………………

| モニタリングの目的 | ＝ | リコールの実施についての消費者の認識率と対応率を知る |

①家電メーカーがリコールを実施

一定期間経過

②販売業者・流通業者に協力要請

製品購入者の情報を収集

③製品購入者のリコール認識率・対応状況を調査

理的に考えて限りなくゼロになったと認められるまで続けられます。発生の可能性が限りなくゼロと認められた時点で初めてリコールが終了するのです。

■■ 事故についての案件を記録・データベース化する

クレーム処理のときと同様、事故案件の記録・データベース化は必要不可欠です。効果的で適切、迅速なリコールの実施ができるのはもちろん、データを分析することで自社製品の改良といった社業拡大のきっかけを得ることもできる点で、リコール活動のデータ化はクレーム処理を行う際のそれと同じ効果が期待できます。

■■ リコールとは別に事故原因の究明をしておくことが大切

リコールは迅速性が勝負です。原因がはっきりしない場合は、手が打てないというのは企業側の言い訳でしかありません。原因究明とリコールの実施は目的が全く違う面もあるのです。製品の欠陥による事故が起こる可能性が少しでもある限り、躊躇せずにリコールを決断します。長期的に見れば、それが結果的に企業の信頼性を高め、社業の拡大につながります。事故原因の究明は、社内はもとより、外部の有識者を入れて客観的な判断ができるようにするのが理想です。原因究明ができたら、速やかに公表し、さらにその内容に基づいて、必要な場合はリコールプランも見直します。

■■ 情報提供の理由と情報提供の方法

消費者への情報提供を行う場合、誰に対して、どのような媒体を通じ、どのような内容の情報を伝えるかを特定しなければなりません。まず、情報を伝える対象には以下のケースがあります。①リコール対象の製品の購入者が誰なのかわかっている場合、②一般消費者に広く販売され、誰が買ったのかわからない場合です。どちらに当てはまる

かで最適な媒体が変わります。購入者が全員特定できる場合は顧客リストがあるため、それを基に最も早く確実に情報を伝えられる媒体を選びます。電話、メール、訪問、ダイレクトメールなどが適当でしょう。顧客情報がわからない場合は、報道機関に対する発表、広告など、最適な媒体を決定することが望まれます。このとき一つの媒体を使うのではなく、効果的な媒体を複数で実行することが有効です。

■■ 新聞広告やホームページでの広告

　新聞に出す社告は、限られたスペースに必要十分な情報を入れる必要があります。

　ホームページや WEB サイトでのリコールの告知は、一般的に自社のホームページで行われ、消費者が検索した結果、いかにしてリコール情報が検索で表示されてくるようにするか、また、検索の結果表示された情報を、いかにして消費者に認識してもらうか、といった点に留意してさまざまな手法で工夫することが重要です。つまり、SEO対策や、画像の利用など、インターネットなどを活用したデジタル広報、広告の基本的なノウハウに基づいて掲載することが有効になります。

■■ 記者会見について

　リコールについて、社告を出すことは絶対に必要ですが、消費者への情報提供の一つの大きな手段として緊急の記者会見を開くことが考えられます。会見で話すことは、事故発生の事実発表と、それに対する心からのお詫びです。次は、事故原因の説明です。説明の際は、原因がわかっている範囲で正直に説明し、わかっていない部分や場合は、すでに原因究明に着手していること、解明され次第、すぐに再度会見を開くこと、などを説明します。続いてリコールの内容を具体的に詳細に説明します。最後は再発防止策の説明か、原因を究明した上での再発防止の約束を表明します。

第4章 ◆ クレーム・リコールのリスクと対策　　167

5 製造物責任法について知っておこう

被害者側の立証の負担が緩和されている

■■ 製造物責任法とは

　商品の製造や販売を手がける企業が知っておくべき法律として、製造物責任法（PL法）があります。主として日常生活で使われている製品（製造物）の欠陥が原因で、消費者や利用者などが生命・身体・財産に損害を被った場合に、製造業者等が負うべき責任のことを製造物責任（Product Liability＝PL）といいます。

　民法上の不法行為に基づく責任追及では、被害者側（消費者や利用者など）が、加害者側（製造業者等）の故意または過失や、製造物の欠陥と損害との具体的な因果関係を立証しなければなりません。しかし、これらの立証は容易ではなく、被害者側の負担が重すぎるなどの問題点があります。

　そこで、製造物責任法は、被害者側が製造物の欠陥と損害の事実を立証すれば、加害者側の故意または過失を立証しなくても、損害賠償を請求できるようにしました。具体的には、製造業者等は、製造・加工・輸入等をした製造物の欠陥により、他人の生命、身体または財産を侵害したときは、「これによって生じた損害を賠償する責めに任ずる」と規定し、原則として、他に充足すべき要件もなく製造業者等が損害賠償責任を負うことを明示しています。なお、損害と欠陥の因果関係については、①製造物が通常の用法に従い用いられたこと、②製造物の使用により身体または財産に通常生ずべきでない異常な損害が生じたことを立証すればよいとされています（立証負担の軽減）。

　もっとも、科学・技術の知見から欠陥を認識できない場合等、製造業者等が免責される場合も規定しています。

■■製品の欠陥とはどのようなものか

　製造物責任法による場合、被害者側が立証するのは、製造物に欠陥があったことと、その欠陥によって自らに損害が生じたことです。PL法でいう「欠陥」とは、その製造物が通常有するべき安全性を欠いていた状態を指します。単に壊れているとか、うまく操作ができないといったことだけではなく、たとえば「上下逆にして置いたら破裂する危険性があるのに、それを注意書きしていなかった」など、取扱い上の注意点の表示の不備なども「欠陥」として扱われます。

　製造業者等が製造物責任（製造物責任法に基づく損害賠償責任）を免れるには、欠陥がなかったことや、欠陥が知り得ないものであったことなどを立証する必要があります。製造業者等が欠陥の不存在や無過失であったことを立証できなければ、製造物責任を負うことになります。つまり、企業側が「まさかこんな使い方はしないだろう」「こんなことは書かなくてもわかるだろう」と思うことでも、製造物の欠陥として指摘され、損害賠償責任を負う可能性があるということです。

■ 製造物責任法の「欠陥」の意味 …………………………………………

設計上の欠陥	（例）テレビ内部の熱源付近に、熱に弱い材質部品をあつらえ、これが溶けて破損、ショートして火災が発生した場合
製造上の欠陥	（例）自動車組立の際に、指示とは違う部品を用いたため、ブレーキに異常が生じるなどの事故が発生した場合
指示・警告上の欠陥	（例）ある洗剤を他の洗剤と併用して使うと、ガスが発生して目やのどを痛めることがあるのに、その指示・警告を怠ったために事故が発生した場合

第4章 ◆ クレーム・リコールのリスクと対策　　169

Column

クレームから身を守る賠償保険

　企業活動では、さまざまな場面で顧客等に損害を与えるリスクが存在しています。賠償責任保険は、そのようなリスク、たとえば企業が販売した商品やサービスによって顧客に事故が発生した場合、企業が顧客に支払う損害賠償金を保険会社が補償する保険です。高額な損害賠償請求を受ける事となれば、信用が落ちるだけでなく、高額な損害賠償金が払えないために倒産という事にもなりかねません。ですから、高額な損害賠償請求への備え、安定した事業の継続のために重要なものだといえるでしょう。賠償責任保険にはさまざまな種類があり、補償内容や保険料も異なります。内容を吟味して自社に適した保険に加入することが必要です。

・**施設所有者賠償責任保険**

　建物、建築物といった施設やその設備の不備・欠陥、あるいは、その設備の中などで普通に行われる業務が原因で顧客や第三者に損害を与えた場合の賠償を補償する保険です。

・**製造物賠償責任保険（ＰＬ保険）**

　顧客に販売した製品が原因で顧客や第三者に危害を与えた場合の賠償を補償する保険です。

・**店舗賠償責任保険**

　店舗を対象に施設所有者賠償責任保険とＰＬ保険の両方を組み入れた保険です。

・**請負業者賠償責任保険**

　請負業者向けの保険です。請負業者が作業中などに起こした事故などの賠償を補償します。

・**個人情報漏えい賠償責任保険**

　個人情報が外部に漏えいしたことで発生した損害の賠償や慰謝料、裁判費用などを補償する保険です。

第5章

その他の会社をめぐる
法務リスクと対策

1 大企業が注意しなければならないルールについて知っておこう

独占禁止法、下請法、金融商品取引法などをおさえておく

独占禁止法とは

　独占禁止法は、経済全体がうまく回るようにするための企業活動の基本的ルールを定めた法律です。正式には「私的独占の禁止及び公正取引の確保に関する法律」といいます。事業者（企業）は、経済活動を行う中で、お互いに競争をしています。公正な競争を失わせる事業者の行為を禁止し、消費者の利益を確保し、もって国民経済の健全な発展を図るために制定されたのが独占禁止法です。

　独占禁止法は、主に「私的独占」「不当な取引制限」「不公正な取引方法」という3つの行為を規制しています。

　私的独占とは、他の事業者を市場から排除したり、他の事業者を支配したりすることで、市場での競争を制限することです。

　不当な取引制限とは、他の事業者と協力して市場での競争を制限することです。カルテルや入札談合は不当な取引制限に該当します。

　不公正な取引方法とは、公正な競争を阻害するおそれのある行為のことです。具体的には、優越的地位の濫用、不当廉売、取引拒絶、抱き合わせ販売、排他条件付取引などが該当します。

独占禁止法違反となる行為を行わないために

　独占禁止法違反となる行為を行うと、行政処分（排除措置命令、課徴金納付命令）の対象となるだけでなく、民事上の損害賠償責任を負う場合や、刑事罰を受ける場合もあります。

　当然のことですが、日頃からどのような行為が独占禁止法違反なのかについての認識をもっておくことが大事です。しかし、具体的にど

172

のような行為が独占禁止法違反となるかについては、わかりにくい部分が多く、企業内でも、独占禁止法違反に該当する行為を行っている者自身に、違反に該当することの認識がないケースがあります。

たとえば、自社と競合関係にある企業と情報交換を行う行為は、不当な取引制限に該当する可能性があります。しかし、実際には、不用意に自社と競合関係にある企業との情報交換を行っている企業が多いといえます。独占禁止法違反となる行為を行わないため、少しでも独占禁止法違反となる疑いがある行為については、法務部門として積極的に情報収集を行い、独占禁止法に詳しい弁護士なども交え検討しておくことが必要です。役員や従業員に対する独占禁止法に関する啓蒙活動を行うことも、法務部門の重要な役割です。

また、万が一独占禁止法違反となる行為を行った場合は、適切な事後処理が必要です。まず社内で事情聴取を行い、正確な事実関係を把握し、弁護士などの専門家に相談します。その結果、独占禁止法に違反することが確実であると判明した場合は、違反の事実を公正取引委員会に報告すべきでしょう。課徴金減免制度の対象となる可能性があるので、公正取引委員会への報告は迅速に行うことが必要です。

独占禁止法に違反するかどうか、公正取引委員会に事前に相談することもできます。この事前相談制度を利用するには、企業がこれから行おうとしている行為を書面で具体的に示すことと、事前相談をした企業名と相談内容が公表されることへの同意が必要です。公正取引委員会は、企業から必要な資料をすべて受け取ってから30日以内に書面で回答を行います。なお、公正取引委員会は、事前相談制度によらない電話や来庁などによる一般的な相談も受け付けています。口頭での回答となりますが、企業名と相談内容は非公表です。

■■ 下請法とはどんな法律なのか

下請法（下請代金支払遅延等防止法）は、大企業と取引をした下請

第5章 ◆ その他の会社をめぐる法務リスクと対策　　173

事業者が、大企業から不当な要求をされることを防ぐ目的で制定された法律です。下請事業者は、大企業が重要な取引先となっているケースが多いので、大企業との関係が悪化してしまうと事業活動が立ち行かなくなってしまいます。そのため、大企業から不当な要求をされたとしても、その要求をのまざるを得ない立場にあります。そこで、下請事業者を大企業などからの不当な要求から守り、下請事業者の利益を保護するために下請法が制定されました。

　下請法が適用される取引は、「製造委託」「修理委託」「情報成果物の作成委託」「役務の提供委託」です。そして、これらの委託契約が、規模が大きい企業を親事業者、規模が小さい企業を下請事業者として契約が締結される場合に、下請法が適用されます。なお、規模が大きいか小さいかについては、相対的な関係で決まるため、事業者の規模に応じた規制が行われています。

　下請事業者が親事業者による行為により不当な不利益を受けないように、親事業者に対しては、①契約内容を記載した書面（3条書面）の交付義務、②下請代金の支払期日を定める義務、③書類（5条書類）を作成・保存する義務、④遅延利息の支払義務、といった義務が課されています。

　公正取引委員会は、親事業者が下請法に定められた禁止行為をしていると判断した場合、禁止行為の差止めや原状回復などの方法によって、「その状態を是正せよ」「再発を防止せよ」といった内容の勧告をします。勧告を受けた親事業者は、改善報告書（もしくは計画書）を提出しなければならず、勧告に従わない場合は、独占禁止法に基づく排除措置命令や課徴金納付命令が行われる可能性があります。

■■ 金融商品取引法とは

　金融商品取引法は、企業が保有する情報の開示や、金融商品取引業を行う者への規制、金融商品取引所の運営などについて定めています。

金融商品取引法は市場での取引の適正を目的とした法律であるため、一般的には上場している大企業を対象としている法律といえるでしょう。ただし、金融商品取引法における金融商品とは、さまざまなものを含みます。企業が資金を調達する方法としては、株式の発行や社債の発行などがありますが、株式や社債も金融商品取引法上の金融商品に含まれます。したがって、事業規模がそれほど大きくなくても、社債発行を行う企業や市場で株式を発行する企業であれば、金融商品取引法の規制と関わることになります。

　また、今後自社の株式を証券取引所に上場させる株式公開、いわゆるIPO（Initial Public Offering）を検討している企業も注意が必要といえるでしょう。金融商品取引法は、より厚く投資家を保護するため、①内部統制報告書の提出の義務付け（上場企業が対象）、②公開買付制度（TOB）の規制、③投資ファンドや証券会社への規制、④インサイダー取引への罰則といった規定を設けています。

　インサイダー取引とは、投資判断に関する重要な情報が公表される前に、その情報をもとにして有価証券の取引を行うことです。未公表の重要事実を不正に利用することはインサイダー取引になります。インサイダー取引を防ぐための会社の対策としては、重要事実を管理する責任者を企業内に設置します。責任者は、情報の管理、インサイダー取引規制を受ける情報かどうかの判断、従業員に対するインサイダー取引についての指導などを行います。また、企業内で生じた重要事実については、金融商品取引法の手続きに従って速やかに公表する体制を作っておきます。重要事実を知った者は、必要がなければその情報を第三者に伝えないということも従業員に徹底します。

　金融商品取引法違反となる行為を行った者に対しては、刑事責任や民事責任が問われます。また、行政処分を受ける可能性もあります。

第5章 ◆ その他の会社をめぐる法務リスクと対策　175

2 独占禁止法とはどんな法律なのか

市場での競争と消費者の利益を守る

■ どんな目的で制定されたのか

　独占禁止法は、競争原理の下で事業者が経済活動を行い、一般消費者の利益を確保し、国民経済の健全な発展を図ることを目的としています。事業者は経済活動を行う中で、お互いに競争をしています。競争の中では、多くの顧客を取り込めるよう事業者は努力をします。たとえば、商品やサービスの価格を安くしたり、商品やサービスの質の向上を試みたりしています。

　このように、事業者同士が市場の中で競争をすれば、事業者はより安くて質の高い商品を提供しようとするので、事業者同士の競争は商品やサービスを購入する消費者の利益につながります。

　しかし、事業者の行為によっては、市場での競争が失われてしまう場合もあります。

　たとえば、旅行業者である5社が、ある年に実施される市立中学校の修学旅行について、貸切りバス代金の額、宿泊費の額、企画料金の料率、添乗員費用の額の基準を設けることに合意するようなことがあると、市立中学校からすれば、どこの旅行会社に依頼しても旅行業者間で取り決めた基準以上の費用がかかることになってしまいます。このような行為は、市立中学校の修学旅行に関する旅行業務市場の競争を実質的に制限しているわけです。

　当然ながら、「高い価格の商品を買わざるを得ない状況」は、消費者の利益になっている状況とはいえません。そのため、公正な競争を失わせるような事業者の行為を禁止し、消費者の利益を確保し、国民経済の健全な発展を図るために独占禁止法が制定されました。

■■ どんな構造になっているのか

　独占禁止法は、主に「私的独占」「不当な取引制限」「不公正な取引方法」という３つの行為を規制しています。第一に、私的独占とは、他の事業者を市場から排除し、または他の事業者を支配することで、市場での競争を制限する行為です。第二に、不当な取引制限とは、他の事業者と協力して市場での競争を制限する行為です。カルテルや入札談合は不当な取引制限に該当します。第三に、不公正な取引方法とは、公正な競争を阻害するおそれのある行為です。不公正な取引方法に該当するものについては、独占禁止法で規定されているものと、公正取引委員会によって指定されているものがあります。具体的には、不当廉売や優越的地位の濫用などが該当します。

　また、独占禁止法は、事業者間の競争を制限することになる企業結合も規制しています。市場で競争している事業者同士が合併や事業譲渡、役員の兼任といった方法で結びつきを強めると、事業支配力が集中して市場での競争が失われます。そこで、一定の取引分野の競争を実質的に制限する企業結合が独占禁止法によって禁止されています。

　独占禁止法を運用している国の機関は、内閣府に設置されている公正取引委員会です。公正取引委員会は、独占禁止法に違反していることが疑われる事業者を調査して、独占禁止法違反の事案について検事総長に刑事告発を行うことができます。

■ 独占禁止法の全体像 ………………………………………………

私的独占の禁止	不当な取引制限の禁止	不公正な取引方法の禁止

公正かつ自由な競争の促進

事業者の創意発揮	事業活動の活発化	雇用水準向上

一般消費者の利益確保　　　国民経済の民主的で健全な発達

第5章 ◆ その他の会社をめぐる法務リスクと対策　177

3 独占禁止法は何を規制するのか

企業の合併も規制される場合がある

■■ どんな規制があるのか

独占禁止法は、事業者間の公正かつ自由な競争を失わせるような行為をすることを制限しています。前述したように、事業者間の競争を失わせる行為のうち、独占禁止法は主に私的独占、不当な取引制限、不公正な取引方法の3つの行為を規制しており、これら3つに対する規制が、独占禁止法の中心的な規定になります。

① 私的独占

他の事業者を排除・支配することによって市場での競争を失わせることをいいます。たとえば、パチンコ製造のために必要不可欠な部品を製造しているパチンコ製造業者が、パチンコ製造事業への新規参入事業者に対して当該部品の供給を拒否する行為は私的独占に該当します。パチンコの製造に必要不可欠な部品の供給をしないことで、新規参入事業者を「排除」しているからです。

② 不当な取引制限

他の事業者と協力することで、人為的に市場での競争を失わせることをいいます。たとえば、ある部品の大部分のシェアを占めるA社とB社がその販売価格を100円前後に設定して競争していたが、A社とB社との間での話し合いの結果、部品の販売価格を200円に設定したとします。部品を購入する事業者にとっては高い200円の商品を買わざるを得ません。このようなA社とB社の行為は、両社における価格競争をなくし部品の価格を高く維持することを目的としており、不当な取引制限（カルテル）になります。カルテルや入札談合は不当な取引制限に該当する代表的な例です。

③ 不公正な取引方法

　自由競争を失わせる手段として独占禁止法で規定されているものと、公正取引委員会によって指定されているものがあります。具体的には、自分が相手の事業者よりも強い立場にあることを利用して相手の事業者に無理な要求をする優越的地位の濫用、商品を不当に安い価格で販売して同業他社を困らせる不当廉売、人気のある商品に人気のない商品を合わせて一つの商品として販売する抱き合わせ販売、自社とだけ取引をして同業他社との取引をしないことを条件に取引を行う排他条件付取引などが不公正な取引方法に該当します。

■■ 優越的地位の濫用や抱き合わせ販売とは

　独占禁止法には、立場の弱い者を保護するための規定も置かれています。たとえば、優越的地位の濫用の禁止は、立場の弱い中小の事業者を主に保護するための規定です。また、抱き合わせ販売は、立場の弱い消費者を主に保護するための規定です。

　優越的地位の濫用とは、自分より弱い立場にある事業者に対し、不利益なことを強要する行為（無理な要求をする行為）をいいます。優越的地位の濫用に該当する事例としては、大手のデパートを主要な取引先としている業者に対し、大手のデパートが自社の商品券を購入するよう強要することが挙げられます。主要な取引先である大手デパートの要求を断りづらいという業者の立場を悪用しているので、大手デパートの行為が優越的地位の濫用になります。

　また、抱き合わせ販売とは、ある商品と他の商品を一緒に販売する行為をいいます。抱き合わせ販売に該当する事例としては、ゲーム会社が、人気ゲームソフトと不人気ゲームソフトを一つの商品として販売し、人気ゲームソフトを手に入れるためには不人気ゲームソフトも一緒に購入せざるを得ない状態にすることが挙げられます。

第5章 ◆ その他の会社をめぐる法務リスクと対策　　179

■ カルテルや入札談合とは

　カルテルとは、事業者間で商品の価格やその生産・販売数量などを調整するための協定を締結することをいいます。カルテルにはさまざまな種類があります。もっともわかりやすいのは、事業者同士で商品の価格を協定するカルテルです（価格カルテル）。同じ商品を販売している事業者同士が、商品の価格を高くするように協定を結べば、消費者は高い商品を買わざるを得なくなります。

　事業者が互いの生産・販売数量を制限するカルテルもあります（数量制限カルテル）。具体的には、商品をどの程度生産・販売するかどうかを、競争している事業者同士の合意で決定するカルテルです。数量制限カルテルは、直接的に事業者同士の合意によって商品の価格を決定しているわけではありません。しかし、生産・販売数量を制限すると、市場で販売される商品の数が減少しますので、結果的に商品の価格は上昇することになります。

　事業者が互いの販売地域を分割するカルテルもあります（市場分割カルテル）。たとえば、同じ商品を売っているA社とB社が、「A社は東日本で、B社は西日本でのみ商品を販売する」という協定を結ぶことが市場分割カルテルに該当します。この協定で、A社とB社の間での競争がなくなり、A社とB社は商品の価格を高く設定できます。

　また、入札談合とは、競争入札の際に入札者同士の話し合いによって落札者や落札金額を決めることをいいます。競争入札とは、注文者が工事などを発注する際に、一番安い見積もりを出した業者（落札者）に発注することです。主に国や地方公共団体が公共工事を発注する際に利用されています。入札者同士で話し合いを行い、落札者や落札金額をあらかじめ決めておけば、落札者以外の入札者が高い価格の見積書を出すことで、落札者も高い価格で落札することができます。これでは、注文者は損をすることになってしまいます。

　カルテルや入札談合は、前述したように不当な取引制限に該当する

180

行為であるため、独占禁止法によって禁止されているのです。

■■ 企業結合規制という規制もある

独占禁止法には、企業結合規制という種類の規制もあります。会社の合併や事業譲渡、役員の兼任など、企業同士のつながりが強化されることに対する規制が企業結合規制になります。

企業同士のつながりを強化することは企業にとってはメリットがありますが、企業結合がされることで市場での競争が失われる可能性があります。たとえば、商品の価格競争をしていた会社がすべて一社に合併してしまうと、合併以降に価格競争が行われなくなります。

そのため、企業結合により市場での競争が失われてしまう場合、つまり一定の取引分野の競争を実質的に制限する場合には、独占禁止法によって企業結合に対して規制が及びます。ただし、独占禁止法上の問題を解消する措置が講じられる場合には容認されます。

■ 独占禁止法の主な規制 ···

	規制	**私的独占** 他の事業者を市場から排除したり、他の事業者を支配することで市場での競争を制限すること
独占禁止法	規制	**不当な取引制限** 他の事業者と協力して市場での競争を制限する行為
	規制	**不公正な取引方法** 不当廉売など、公正な競争を阻害するおそれのある行為

第5章 ◆ その他の会社をめぐる法務リスクと対策 **181**

4 独占禁止法に違反するとどうなるのか

刑事罰が科されることもある

■■ 制裁措置について

独占禁止法に違反する行為をした場合には、さまざまな制裁を受けることになります。

独占禁止法に違反する行為が行われた場合、公正取引委員会は排除措置命令を出すことができます。排除措置命令とは、独占禁止法違反となる行為を止めることを内容とする命令のことです。なお、排除措置命令は、厳密には「制裁」ではなく、競争を回復して再発防止を図るために命じられる行政上の措置になります。

また、一定の独占禁止法違反の行為に対しては、公正取引委員会が行政上の制裁として課徴金納付命令を出し、課徴金を国庫に納めることを命じます。課徴金の額は、独占禁止法違反の行為をしていた期間中における違反事業者の売上額を基準として算出されます。ただし、共同して不当な取引制限に該当する行為をしていた事業者に先立って、不当な取引制限となる事実を公正取引委員会に報告すれば、課徴金が免除または減額される場合があります。

その他には、独占禁止法違反の行為に対して刑罰が科されることもあります。独占禁止法違反の行為をした事業者（会社）の役員や従業員だけではなく、これらの者が所属する事業者に対しても罰金刑が科されます（両罰規定）。

さらに、事業者の独占禁止法違反となる行為によって損害を受けた者は、その事業者に独占禁止法違反となる行為を止めるよう求める民事上の差止請求や、損害賠償請求が可能になる場合もあります。

このように、独占禁止法に違反する行為をした場合には、さまざま

な制裁を受けます。以下、排除措置命令、課徴金制度、刑罰、民事上の差止請求や損害賠償請求について見ていきます。

■■ 排除措置命令とは

　排除措置命令とは、独占禁止法に違反する行為がなされた場合に、市場での競争を回復し、再発防止を図るために公正取引委員会が出す命令のことをいいます。排除措置命令の内容は、違反行為の取り止めや従業員の教育など、個別の違反行為に応じて決められます。

　公正取引委員会が排除措置命令を出す場合は、排除措置命令を受ける者に対し、あらかじめ意見聴取を行わなければならないとされています。具体的には、排除措置命令の内容を通知し、意見陳述と証拠提出の機会を与えることが必要です。公正取引委員会は、意見陳述や証拠提出を踏まえて、排除措置命令を出すかどうかを判断します。

　そして、排除措置命令に不服がある場合は、排除措置命令が出されたことを知った日から6か月以内に、東京地方裁判所に対し、排除措置命令の取消しを求める訴訟を提起することができます。

　また、排除措置命令に従わなかった場合は、2年以下の拘禁刑（従来の懲役に相当）または300万円以下の罰金が科されます（両罰規定として法人にも罰金が科されます）。

　なお、独占禁止法違反となる行為が既に終了している場合でも、再発防止などの目的で必要がある場合は、排除措置命令を出すことができます。

■ 排除措置命令のイメージ

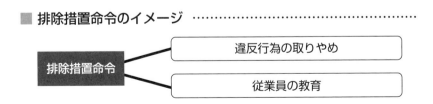

■■ 課徴金制度について

　課徴金制度とは、私的独占・不当な取引制限・不公正な取引方法といった独占禁止法違反となる行為を行った事業者に対して、一定の金銭を国庫に納付させる制度です。課徴金の納付を命じることを課徴金納付命令といいます。課徴金は刑事罰である罰金とは別に納付が命じられます。課徴金制度の適用範囲は、不当な取引制限、支配型私的独占、排除型私的独占や不公正な取引方法の一部が含まれます。

　そして、独占禁止法違反の行為を繰り返した場合や、独占禁止法違反の行為について主導的な役割を果たした場合については、通常よりも課徴金の額が増額されることがあります。また、独占禁止法違反の行為が終了してから7年が経過するまでは、課徴金納付命令を出すことができます。その他、独占禁止法違反の行為をしていた事業を承継した事業者に対しても、課徴金納付命令を出すことが可能です。

　課徴金の額は、独占禁止法違反となる行為をしていた期間中の売上高（密接関連業務の対価を含む）に一定の算定率を掛けた上で、談合金等の財産上の利益を加えることで算定します。課徴金の算定率は違反行為によって異なります。たとえば、支配型私的独占や不当な取引制限の場合は10％、排除型私的独占の場合は6％です。

　一方、不当な取引制限を行った事業者が、違反行為を公正取引委員会に報告した場合には、課徴金の額が減免されることがあります。

　公正取引委員会が事業者に課徴金納付命令を出す際には、排除措置命令を出すときと同様に、意見聴取を行わなければならず、事業者に対して事前通知を行い、意見陳述や証拠提出の機会を与えることが必要です。課徴金納付命令に不服がある場合は、課徴金納付命令が出されたことを知った日から6か月以内に、東京地方裁判所に対し、課徴金納付命令の取消しを求める訴訟を提起することができます。

■■ どんな刑罰があるのか

独占禁止法違反行為のうちの多くは刑事罰の対象とされています。ただし、不公正な取引方法に該当する行為をした場合には刑事罰が科されません。私的独占や不当な取引制限に該当する行為をした者に対しては、5年以下の拘禁刑（従来の懲役に相当）または500万円以下の罰金が科せられます。この場合、私的独占や不当な取引制限に関わった者が所属する法人に対しても5億円以下の罰金が科せられます（両罰規定）。さらに、法人の代表者が、従業員が独占禁止法違反の行為をしているのを気づいていたにもかかわらず、その独占禁止法違反の行為を放置していた場合には、法人の代表者に対しても500万円以下の罰金が科されます。

不当な取引制限の中に含まれる入札談合を行った場合は、刑法の談合罪も成立します。談合罪に該当する行為を行った者に対しては、3年以下の拘禁刑または250万円以下の罰金が科せられます。

この他にも、公正取引委員会に虚偽の報告をした者や、排除措置命令に反した行為をした者に対しても刑事罰が科されます。

■ 独占禁止法に違反する行為に対する主な罰則 ……………………

違法行為	罰　則
私的独占や不当な取引制限に該当する行為を行った者	5年以下の拘禁刑または500万円以下の罰金（独占禁止法89条）
私的独占や不当な取引制限に該当する行為を行った企業	5億円以下の罰金（独占禁止法95条）
不当な取引制限に該当する談合を行った場合	刑法の談合罪（3年以下の拘禁刑または250万円以下の罰金）（刑法96条の6第2項）
公正取引委員会に対する所定の届出の不提出、または虚偽記載	200万円以下の罰金（独占禁止法91条の2）

第5章 ◆ その他の会社をめぐる法務リスクと対策　185

■■■ 刑事罰と課徴金との調整

　刑事罰に加えて課徴金を課すことは、憲法が定める二重処罰禁止の原則に反するのではないかという問題があります。

　独占禁止法には、事業者に対する制裁として刑事罰（罰金刑）に関する規定と課徴金に関する規定の2種類があります。そのため、刑事罰として罰金刑を科すのとは別に課徴金の支払いを命じることは、独占禁止法に違反した事業者を2回処罰するのと同じことであり、憲法が定める二重処罰禁止規定に反するのではないかと指摘されることがあります。この点については、課徴金制度は事業者が得た不当な利得を奪う制度であり、制裁として科す刑事罰とは趣旨や目的が異なるので、課徴金の納付と罰金刑を科すことを同時に命じたとしても二重処罰禁止の原則には反しないとされています。

　ただし、このような二重処罰の問題があることに配慮して、課徴金と罰金の両方が科される場合には、課徴金は減額されます。具体的には、罰金額の2分の1の額が課徴金から控除されます。

■■■ 民事上の差止請求や損害賠償請求など

　事業者が独占禁止法に違反する行為をしたことで、他の事業者が損害を受けた場合には、損害を受けた事業者は、独占禁止法違反行為をした事業者に対して損害賠償請求が可能です。たとえば、大企業であるA社が、市場で強い地位にあることを利用して、B社に対して不当に金銭などの利益の供与を要求していた場合、A社の行為は優越的地位の濫用に該当します。このとき、B社は、A社の不当な要求により支払った金額について、独占禁止法を根拠にしてA社に対して損害賠償請求が可能です。

　独占禁止法に違反する行為に対しては刑事罰が科されますし、課徴金も課されます。しかし、刑事罰や課徴金の制度を用いても、独占禁止法違反行為によって損害を受けた者の損害が回復するわけではあり

ません。独占禁止法によって損害を受けた者は、その損害を回復するため、自らの手で独占禁止法に反する行為を行った者に対して損害賠償請求をする必要があります。

独占禁止法の規定を用いて損害賠償請求がなされた場合、独占禁止法違反となる行為を行った者は、自らに故意や過失がなくても、損害を受けた者に対して損害賠償責任を負います（無過失損害賠償責任）。

ただし、公正取引委員会による排除措置命令が確定した後でなければ、独占禁止法の規定に基づく損害賠償請求はできません。排除措置命令が確定してから３年が経過した場合も、独占禁止法の規定に基づく損害賠償請求はできません。

また、不公正な取引方法にあたる行為によって、自らの利益を侵害され、または侵害されるおそれがある者は、これにより著しい損害を生じ、または生ずるおそれがある場合、その行為の停止または予防を求める差止請求が可能です。たとえば、前述の例でＡが不当に金銭を要求しているため（不公正な取引方法のうちの優越的地位の濫用にあたります）、Ｂが著しい損害を被るおそれがある場合、ＢはＡに対して金銭要求の停止を請求できます。

■ 独占禁止法違反行為

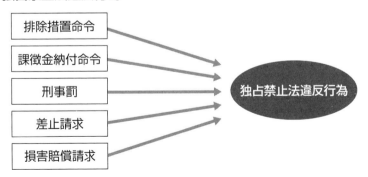

5 下請法とはどんな法律なのか

下請事業者の利益を保護する法律である

■■ どのような法律なのか

　下請法（正式には「下請代金支払遅延等防止法」といいます）は、発注者である一定規模の企業と下請取引（下請法の適用対象となる取引）をした中小企業や個人事業者が、発注者から一方的に下請代金を減額されたり、下請代金の支払を延期されたりすることなどを防止して、下請取引の公正を図る目的で制定された法律です。

　下請業者となる中小企業や個人事業主は、発注者である一定規模の企業よりも立場が弱い場合が多いため、発注者である企業から不当な扱いを受けた場合、今後の取引継続のために、それに従わざるを得ない立場にあるため、このような弱い立場の下請業者の利益を保護する法律が下請法です。

　下請法は、下請法の適用対象となる取引（下請取引）の範囲を、取引当事者の資本金の規模と取引の内容の両面から規定しており、この2つの条件を満たす事業者を下請法の規制対象となる「親事業者」と「下請事業者」としています。

　たとえば、取引の内容が物品の製造・修理委託である場合、①委託を行う事業者のうち資本金が3億円を超える事業者が「親事業者」に該当し、委託を受ける資本金3億円以下の事業者が「下請事業者」に該当する、または、②委託を行う事業者のうち資本金が1,000万円を超え3億円以下の事業者が「親事業者」に該当し、委託を受ける資本金1,000万円以下の事業者が「下請事業者」に該当する、というように区分されています（191ページ図参照）。

■■ 独占禁止法との関係は

　下請法で禁止されている行為の多くは、独占禁止法の優越的地位の濫用の規定によっても禁止されている行為です。

　たとえば、大企業が元請になり中小企業が下請となった場合に、大企業が下請に支払う代金を不当に減額することは優越的地位の濫用に該当します。大企業が、自分の立場が強いことを利用して、中小企業に対して無理な要求をしているので、優越的地位の濫用として独占禁止法によって規制されています。

　しかし、優越的地位の濫用に関する規定は抽象的であって、どのような行為が優越的地位の濫用に該当するのかわかりにくいという欠点があります。これに対して、下請法では、元請から下請に対するどのような要求が禁止されるのかについて具体的に示されています。

■■ 下請法が適用されるのはどのような場合か

　下請法の適用対象となる取引は、大きく分けて、「製造委託」「修理委託」「情報成果物作成委託」「役務提供委託」の4種類です。そして、規模が大きい企業を注文者、規模が小さい企業を請負人として、これらの委託契約が締結される場合に、下請法が適用されます。

■ 下請法とは ………………………………………………………………

私の言うことに従え。

こちらの方が立場が弱いから、逆らえない。

不当な取扱い

禁止

下請法

親事業者
（大企業）

下請事業者
（中小企業・個人事業者）

第5章 ◆ その他の会社をめぐる法務リスクと対策　　189

6 下請法の規制対象となる取引や事業者とは

事業者の資本金の規模と取引の内容によって下請法の対象となる

■ 下請法の適用対象となる取引（下請取引）は4種類ある

　下請法の適用対象となる取引は、製造委託、修理委託、情報成果物作成委託、役務提供委託の4種類の委託取引です。

　製造委託とは、ある事業者が他の事業者に対して、製品の規格、形状、品質、デザイン、ブランドなどを指定して、物品（動産を指します）、半製品、部品、原材料、金型の製造を委託することです。

　修理委託とは、事業者が業務として請け負う物品の修理を他の事業者に委託することです。

　情報成果物作成委託とは、情報成果物（ソフトウェア、映像、デザインなど）の提供・作成を行う事業者が、その情報成果物の作成を他の事業者に委託することです。

　役務提供委託とは、事業者が業務として行っている役務提供（サービスの提供）の一部を他の事業者に委託することです。

■ 下請法の適用対象となる親事業者と下請事業者

　製造委託契約・修理委託契約を締結しているか、または情報成果物作成委託契約・役務提供委託契約を締結しているかによって、下請法の適用対象となる親事業者と下請事業者の範囲が異なります。

　まず、①製造委託・修理委託及び政令で定める情報成果物作成委託・役務提供委託を行う場合について説明します。資本金の総額が3億円を超える事業者が、資本金が3億円以下の事業者に対して①の委託をする場合に、前者の事業者が親事業者として規制され、後者の事業者が下請事業者として保護されます。また、資本金の総額が1,000

万円を超えて3億円以下の事業者が、資本金が1,000万円以下の事業者に対して①の委託をする場合に、前者の事業者が親事業者として規制され、後者の事業者が下請事業者として保護されます。

次に、②情報成果物作成委託・役務提供委託（①の政令で定めるものを除く）を行う場合について説明します。資本金が5,000万円を超える事業者が、資本金が5,000万円以下の事業者に対して②の委託をする場合に、前者の事業者が親事業者として規制され、後者の事業者が下請事業者として保護されます。また、資本金の額が1,000万円を超え5,000万円以下の事業者が、資本金が1,000万円以下の事業者に対して②の委託をする場合に、前者の事業者が親事業者として規制され、後者の事業者が下請事業者として保護されます。

なお、業務の執行について親事業者である会社Aから支配を受けている会社Bが、会社Aから請け負った事業を別の会社Cに再委託する場合には、会社Bは親事業者（みなし親事業者）とみなされます。これをトンネル会社規制と呼ぶことがあります。

■ 下請法上の親事業者・下請事業者に該当する場合 ………………

対象となる取引	親事業者	下請事業者
物品の製造・修理委託及び政令で定める情報成果物作成・役務提供委託を行う場合	資本金3億円超 ⟶	資本金3億円以下
	資本金1,000万超3億円以下 ⟶	資本金1,000万円以下
上記の情報成果物作成・役務提供委託を除く情報成果物作成・役務提供委託を行う場合	資本金5,000万円超 ⟶	資本金5,000万円以下
	資本金1,000万円超5,000万円以下 ⟶	資本金1,000万円以下

※ 「政令で定める情報成果物作成・役務提供委託」は、プログラムの作成の委託、運送・物品の倉庫保管・情報処理の委託が該当する。
※ 下請事業者には個人事業者（個人として業務を行う者）を含む。

第5章 ◆ その他の会社をめぐる法務リスクと対策　　191

7 親事業者の義務について知っておこう

下請法は親事業者に４つの義務を課している

■■ 親事業者にはどんな義務が課されているのか

　下請法は、下請事業者が親事業者による行為により不当な不利益を受けないように、親事業者に対してさまざまな義務を課しています。

　具体的には、①契約内容を記載した書面（３条書面）の交付義務、②下請代金の支払期日を定める義務、③書類（５条書類）の作成・保存義務、④遅延利息の支払義務があります。以下の項目では、親事業者が負っている義務の内容について見ていきます。

①　契約内容を記載した書面（３条書面）の交付義務

　親事業者には、製造委託等（製造委託、修理委託、情報成果物の作成委託、役務の提供委託）をした場合、下請事業者に対し、下請事業者の給付の内容、下請代金の額、下請代金の支払期日・支払方法などの事項（契約内容）を記載した書面（「３条書面」と呼ばれています）を直ちに交付する義務があります。

②　下請代金の支払期日を定める義務

　親事業者には、下請代金の支払期日を、親事業者が下請事業者から給付を受領した日（給付受領日）または下請事業者が役務の提供をした日（役務提供日）から起算して60日以内のできる限り短い期間内で定める義務があります。なお、下請代金の支払期日を定めなかった場合は、給付受領日または役務提供日を支払期日とみなします。また、給付受領日または役務提供日から起算して60日が経過した日以降を支払期日と定めた場合は、給付受領日または役務提供日から起算して60日を経過した日の前日を支払期日とみなします。

③　書類（5条書類）の作成・保存義務

　親事業者には、下請事業者と製造委託等の契約を締結した場合に、給付の内容や下請代金の額などを記載した書類（「5条書類」と呼ばれています）を作成し、2年間保存する義務があります。下請業者との下請取引に関するトラブルが生じることを防止し、行政機関による親事業者の検査の迅速・正確さを確保するために、親事業者には5条書類の作成と保存が義務付けられています。

④　遅延利息の支払義務

　下請代金の支払遅延があった場合、親事業者は、下請事業者に対し、給付受領日または役務提供日から起算して60日を経過した日から支払いをする日までの期間について、年14.6％の遅延利息を支払う義務があります。親事業者と下請事業者の間で、「親事業者が製品を受領した日から起算して20日以内に、親事業者から下請事業者に代金の支払いを行う」と契約していたとしても、年14.6％の遅延利息は、親事業者が製品を受領した日から60日を経過した日から発生します。

■ **親事業者に課されている義務** ………………………………………

①給付の内容や下請代金の額などを記載した書面を交付する

➡ 発注したときは直ちに交付しなければならない

②下請代金の支払期日を定める

➡ 給付を受領した日または役務の提供があった日から起算して60日以内

③書類を作成・保存する

➡ 怠った場合には50万円以下の罰金

④下請代金の遅延があった場合には遅延利息を支払う

➡ 給付を受領した日または役務の提供があった日から起算して60日が
　経過した日から年14.6％の遅延利息の支払義務が生じる

第5章 ◆ その他の会社をめぐる法務リスクと対策　193

8 親事業者の禁止行為について知っておこう

下請法上の親事業者の禁止行為には11項目がある

■■ 親事業者の禁止行為は11項目ある

　下請法では、親事業者に対し11項目の行為を禁止しています。ここでは11項目の禁止行為について簡単に紹介します。

① 　親事業者が下請事業者に委託を行い、下請事業者が親事業者に製品などの給付をした場合、親事業者が下請事業者からの給付の受領を拒絶することは禁止されています。

② 　下請代金の支払いを遅延することは禁止されています。親事業者は、下請事業者から給付を受領した日または下請事業者がサービス（役務）の提供をした日から起算して60日以内の支払期日に下請代金を全額支払う必要があります。

③ 　親事業者が、下請事業者に責任がないにもかかわらず、発注時に決められた代金を減額することは禁止されています。

④ 　下請事業者に責任がないにもかかわらず、親事業者が下請事業者から受け取った製品などを返品することは禁止されています。

⑤ 　親事業者と下請事業者との間で下請代金を決定する際に、類似する契約と比べて著しく低い額を下請代金として決定することは禁止されています。

⑥ 　正当な理由がある場合を除き、下請事業者に親事業者が指定する製品などを強制して購入させたり、下請事業者にサービスを強制して利用させたりすることは禁止されています。

⑦ 　親事業者が不当に下請代金の支払いを遅延したり、下請代金の減額を行い、その事実を下請事業者が公正取引委員会や中小企業庁に報告した場合に、親事業者が下請事業者に報復としてその下請事業

者との取引を停止したり、取引数量を削減するなどの不利益な取扱いをしたりすることは禁止されています。

⑧　親事業者が、自己に対する給付に必要な原材料等（半製品、部品、附属品または原材料）を自己から購入させた場合に、下請事業者に責任がないにもかかわらず、その原材料等を用いる給付に対する下請代金の支払期日より早い時期に、下請代金の額からその原材料等の対価の全部または一部を控除したり、その原材料等の対価の全部または一部を支払わせたりすることは禁止されています。

⑨　親事業者が下請事業者に下請代金を支払う際に、金融機関での割引が困難な手形を用いて支払いをすることは禁止されています。

⑩　親事業者が下請事業者に対して、自己のために金銭や役務その他の経済上の利益を提供させることは禁止されています。

⑪　親事業者が、下請事業者に責任がないにもかかわらず、親事業者自ら費用を負担することなく、下請事業者の給付の受領前にその給付の内容を変更させたり、給付の受領後または役務の提供があった後に下請事業者に給付のやり直しをさせたりすることは禁止されています。

■ **親事業者の禁止行為** ･･･

禁止行為	
①受領を拒否すること	⑦報復措置をすること
②下請代金の支払を遅延すること	⑧有償支給原材料等の対価を早期決済すること
③下請代金を減額すること	⑨割引困難な手形を交付すること
④返品すること	⑩不当な経済上の利益の提供をさせること
⑤買いたたきをすること	
⑥物品の購入やサービスの利用を強制すること	⑪不当に給付内容を変更させることや、やり直しをさせること

第5章 ◆ その他の会社をめぐる法務リスクと対策　　195

9 下請法違反について知っておこう

公正取引委員会による勧告を受けることがある

■■ 親事業者が下請法に違反した場合の措置

　下請法では、親事業者に対し、3条書面の交付を含む4つの義務と、受領拒否や下請代金の支払遅延、返品、買いたたきを含む11の禁止事項（禁止行為）を定めています。

　このうち、3条書面の交付義務や5条書類の作成・保存義務に違反した場合は、50万円以下の罰金が科せられます。

　また、禁止事項に違反している親事業者は、中小企業庁長官から行政指導を受けたり、公正取引委員会から違反行為の是正その他の必要な措置をとるべきことの勧告を受けたりすることがあります。さらに、公正取引委員会は、必要に応じて親事業者や下請事業者に製造委託等に関する取引について報告をさせ、事務所などへの立入検査をしたりすることができますが、報告をしない、虚偽報告をする、検査拒否をするなどの行為をした場合は、50万円以下の罰金が科せられます。

　公正取引委員会は、親事業者が下請法に定められた禁止行為をしていると判断した場合、禁止行為の差止めや原状回復などの方法によって、「違反状態を是正せよ」もしくは「再発を防止せよ」などといった内容の勧告をします。

　親事業者が勧告を受けると、その名称や違反内容、勧告内容がインターネット上などで公表されます。また、勧告を受けた親事業者は、改善報告書（もしくは計画書）の提出を求められます。そして、勧告に従わない親事業者に対しては、独占禁止法に基づく排除措置命令や課徴金納付命令が出される可能性があります。

10 景品表示法の全体像をおさえておこう

消費者のために過大景品と不当表示を規制する

なぜ制定されたのか

景品表示法（景表法）は、販売促進のための景品類の行き過ぎと、消費者に誤認される不当表示を規制するために、昭和37年（1962年）に制定された法律です。

その後も、複数の事業者が食品表示等に関する大規模な偽装を行うなどの事例が相次いだこともあり、景品表示法は、特に行政の監視指導体制の強化や、不当な表示等を防止するために事業者が取り組むべき表示管理体制の徹底をめざして、法改正を通じて見直しが随時行われています。

どのような行為を規制しているのか

景品表示法は、その目的を、「取引に関連する不当な景品類及び表示による顧客の誘引を防止」するため、「一般消費者による自主的かつ合理的な選択を阻害するおそれのある行為の制限および禁止」をすることにより、「一般消費者の利益を保護すること」としています。

つまり、一般消費者の自主的・合理的な商品・サービスの選択を邪魔するような「過大な景品類の提供」と「不当な表示」を行う企業活動を制限・禁止するものです。

後述しますが、「過大な景品類の提供」（過大景品）については、必要があれば、景品類の価額の最高額・総額、種類・提供の方法など景品類の提供に関する事項を制限し、または景品類の提供を禁止することができるとしています。一方、「不当な表示」（不当表示）については、商品・サービスの品質などの内容について、一般消費者に対し、

第5章 ◆ その他の会社をめぐる法務リスクと対策　197

実際のものよりも著しく優良であると表示すること、または事実に反して競争事業者のものよりも著しく優良であると表示することを「優良誤認表示」として禁止しています。

また、価格などの取引条件に関して、実際のものよりも著しく有利であると一般消費者に誤認される表示、または競争事業者のものよりも著しく有利であると一般消費者に誤認される表示については「有利誤認表示」として禁止しています。

■■ 運用状況はどうなっているのか

景表法の目的は、一般消費者の利益を保護することにあります。そのため、以前は景品表示法の管轄が公正取引委員会でしたが、消費者の視点から政策全般を監視する「消費者庁」が平成21年9月に発足したことに伴い、消費者庁（表示対策課）に景品表示法の管轄が移されました。また、県域レベルの事案に対応するような場合には、各都道府県が窓口となる場合もあります。消費者庁は、景品表示法違反の疑いのある事件について、調査を行い、違反する事実があれば、「措置命令」を行っています。措置命令は、「過大な景品類の提供」や「不当な表示」を行った事業者に対して、その行為を差し止めるなど必要な措置を命ずることができるというもので、消費者庁のホームページなどで事業者の名前、違反の内容などが公表されます。

■ 景品表示法のイメージ ………………………………………

独占禁止法

不公正な取引方法の
一類型である不当な
顧客誘引行為を規制

→ 独占禁止法の規制だけでは不十分

景品表示法で補完

「過大な景品類の提供」と「不当な表示」を
行う企業活動を制限・禁止して、消費者の
利益を守るのが景品表示法！

11 景品規制について知っておこう

懸賞によらない景品類の提供も景表法の規制対象である

規制内容にはどのようなものがあるのか

景表法における景品規制は、景品類の最高額、総額などを規制することにより、消費者の利益を保護するとともに、過大景品による不健全な競争を防止するものです。景品規制については、すべての業種に適用される、①懸賞制限、②総付景品制限、という2つの種類が規定されています。また、特定の業種に対しては、個別の告示によって景品規制が規定されています。

懸賞制限について

懸賞制限については、懸賞の定義と、景品類の価額制限（景品類によって提供できる景品類の最高額と総額の制限）の理解が重要です。

① 懸賞の定義

「懸賞」とは、くじなど偶然性を利用して定める方法、または特定の行為の優劣・正誤によって定める方法によって、景品類の提供の相手もしくは提供する景品類の額を定めることです。たとえば、抽選券やジャンケン、パズル・クイズの正誤、作品などのコンテストの結果の優劣などによって景品類の提供を定める場合が該当します。

なお、景表法の規制を受ける「懸賞」は、「取引に付随」して景品類の提供をする場合に限られるため、一般的に「クローズド懸賞」と言われています。

② 景品類の価額制限

懸賞は、商店街や同業組合などが共同して行う（複数の事業者が参加して行う）とされる「共同懸賞」と、共同懸賞に該当しない「一般

第5章 ◆ その他の会社をめぐる法務リスクと対策　199

懸賞」に分けられます。

　まず、一般懸賞の場合、懸賞によって提供できる景品類の価額の最高額は、10万円を限度として取引価額の20倍の金額を超えてはならないとされています。たとえば、取引価額が800円の場合は、16,000円までの景品を提供できます。これに対し、共同懸賞の場合は、取引価額にかかわらず、最高額は30万円を限度としています。

　また、懸賞類の総額に関する規制もあり、一般懸賞の場合は「懸賞にかかる売上げ予定総額」の2％まで、共同懸賞の場合は「懸賞にかかる売上げ予定総額」の3％までとされています。

　なお、上記にいう「取引価額」とは、次のとおりです。
・購入者に購入額に応じて景品類を提供する場合は、その購入金額
・購入金額を問わない場合は、原則100円。ただし、最低価格が明らかに100円を下回るとき、または100円を上回るときは、その価格
・購入を条件としない場合は、原則100円。ただし、最低価格が明らかに100円を上回るときは、その価格

■■総付景品制限について

　総付景品制限は、懸賞の方法によらない場合の規制であり、主に総付景品の定義と最高限度額の理解が重要です。

■ 景品規制

■懸賞制限
（懸賞により提供できる景品類の最高額と総額を制限）

■総付景品制限
（懸賞によらない景品類の提供について景品類の最高額を規制）

① 総付景品の定義

「総付景品」とは、懸賞の方法によらないで提供される景品類をいいます。具体的には、次のような方法が該当します。

・商品・サービスの購入者全員に景品類を提供する場合
・小売店が来店者全員に景品類を提供する場合
・申込みまたは入店の先着順に景品類を提供する場合

② 最高限度額

総付景品の場合、取引価額が1,000円未満のときは、景品類の最高額は一律200円、1,000円以上のときは、景品類の最高額は取引価額の10分の2までとされています。

③ 適用除外

次の場合で、正常な商習慣に照らして適当と認められるものは、総付景品の提供としての規制対象とはしないとされています。

・商品の販売・使用またはサービスの提供のために必要な物品
・見本などの宣伝用の物品
・自店および自他共通で使える割引券・金額証

■ 一般懸賞における景品類の限度額 ·····························

懸賞による取引価額	景品類限度額	
	最高額	総　額
5,000円未満	取引価額の20倍	懸賞に係る売上予定総額の2%
5,000円以上	10万円	

■ 共同懸賞における景品類の限度額 ·····························

景品類限度額	
最高額	総　額
取引価額にかかわらず30万円	懸賞に係る売上予定総額の3%

第5章 ◆ その他の会社をめぐる法務リスクと対策　201

・開店披露・創業記念などの行事で提供される物品

■■ 特定業種における景品制限について

　懸賞制限・総付景品制限は、すべての業種に適用されるものです。これに加えて、新聞業・雑誌業・不動産業・医療関係（医療用医薬品業・医療機器業・衛生検査所業）の４つの特定の業種については、別途、適用される制限が設けられています。

　これは、これら各業種の実情を考慮して、一般的な景品規制と異なる内容の業別の景品規制が行われるべきだとして、景表法３条の規定に基づき、告示により指定されているものです。

■■ オープン懸賞について

　オープン懸賞とは、事業者が、企業・商品・サービスの知名度・イメージを高めるため、新聞・雑誌・テレビ・ラジオ・Webサイトなどの広告で、「取引に付随」することなく（たとえば、商品・サービスの購入を条件としないで）、一般消費者に懸賞による金品の提供を申し出るものです。事業者が顧客を誘引するために行うものですが、「取引に付随」するものではないため、景表法における規制を受けることがありません。そのため、前述したクローズド懸賞との対比で、一般的に「オープン懸賞」と言われています。なお、提供できる金品について、具体的な上限額の定めはありません。

■ 総付景品の限度額 ……………………………………………

取引価額	景品類の最高額
1,000円未満	200円
1,000円以上	取引価額の１０分の２

12 不当表示について知っておこう

優良誤認表示・有利誤認表示・その他の不当表示がある

■■ 不当表示とは

　商品・サービスの品質や価格に関する情報は、消費者が商品・サービスを選ぶ際の重要な判断材料であり、消費者に正しく伝わる必要があります。

　商品・サービス（役務）の情報は、パッケージ・パンフレット・チラシ・説明書などの表示や、新聞・雑誌・テレビ・ラジオ・インターネットなどによる広告によって消費者にもたらされます。そして、そこに表示された、商品・サービスの品質・内容・価格・支払条件・数量などの取引条件から商品を選択します。

　しかし、ここで行われる「表示」が、実際の内容より著しく優れたものであると示されている場合や、事実と違って他社の商品より優れていると示されている場合、消費者は、商品・サービスの適正な選択を妨げられるという不利益を被ることになります。

　景表法による不当表示規制は、不当な顧客の誘引を防ぎ、消費者が適正に商品・サービスの選択ができるようにすることを目的としています。そのため、「不当表示」にあたるかどうかの判断は、当該表示が消費者にどのような印象や認識をもたらすかによることになります。

　通常、消費者は、何らかの表示がされていれば、実際の商品・サービスも表示のとおりだと考えます。したがって、表示と実際のものが違う場合、消費者は、実際の商品・サービスが表示通りの商品・サービスであると誤認することになってしまうでしょう。景表法に規定される不当表示は、このように商品・サービスの内容や取引条件について、消費者に誤認を与える表示のことをいいます。

第5章 ◆ その他の会社をめぐる法務リスクと対策　203

景表法は、事業者が供給する商品・サービスについて、消費者に対して、不当に顧客を誘引し、消費者の自主的・合理的な選択を阻害するおそれがあると認められるこれらの表示（不当表示）を行うことを禁止しています。

■■ 不当表示にはどのような類型があるのか

　景表法による不当表示の規制は、次の３つの類型に区分されます。これらの類型を、不当に顧客を誘引し、一般消費者による自主的・合理的な選択を阻害するおそれがあると認められる不当表示として禁止しています。

① 優良誤認表示

　商品・サービスの品質、規格その他の内容についての不当表示

② 有利誤認表示

　商品・サービスの価格その他の取引条件についての不当表示

③ 指定表示

　商品・サービスの取引に関する事項について消費者に誤認されるおそれがあると認められ、内閣総理大臣が指定する表示

■ 不当表示の類型 ………………………………………………………

　　┌ ① 優良誤認表示 → 品質、規格その他の内容についての不当表示

　　├ ② 有利誤認表示 → 価格その他の取引条件についての不当表示

　　└ ③ 指定表示 → 一般消費者に誤認されるおそれがあると認められ、内閣総理大臣が指定する不当表示　７つの指定表示がある（213ページ参照）

■■ 3つの類型に共通する要件について

前述のとおり、優良誤認表示、有利誤認表示、指定表示（内閣総理大臣が指定する表示）の3つが不当表示規制に該当しますが、これらの類型に共通する要件は、次のとおりです。

① 表示

景表法上の「表示」とは、「顧客を誘引するための手段として、事業者が自己の供給する商品または役務の内容または取引条件その他これらの取引に関する事項について行う広告その他の表示であって、内閣総理大臣が指定するもの」であると定義されています。そして、景表法上の「表示」として「内閣総理大臣が指定するもの」は、下記の5つです。

・商品、容器または包装による広告その他の表示およびこれらに添付した物による広告
・見本、チラシ、パンフレット、説明書面その他これらに類似する物による広告その他の表示（ダイレクトメール、ファクシミリ等によるものを含む）および口頭による広告その他の表示（電話によるものを含む）
・ポスター、看板（プラカードおよび建物または電車、自動車等に記載されたものを含む）、ネオン・サイン、アドバルーン、その他これらに類似する物による広告および陳列物または実演による広告
・新聞紙、雑誌その他の出版物、放送（有線電気通信設備または拡声機による放送を含む）、映写、演劇または電光による広告
・情報処理の用に供する機器による広告その他の表示（インターネット、パソコン通信等によるものを含む）

② 顧客を誘引するための手段として行われるもの

事業者の主観的な意図や企画の名目は問題にならず、客観的に見たときに顧客を誘引するための手段になっているかどうかによって判断されます。また、新規の顧客の誘引にとどまらず、既存の顧客の継続・取引拡大を誘引することも含まれます。

第5章 ◆ その他の会社をめぐる法務リスクと対策 205

③　事業者

　営利企業だけではなく、経済活動を行っている者すべてが事業者に該当します。そのため、営利を目的としない協同組合・共済組合や、公的機関・学校法人・宗教法人などであっても、経済活動を行っている限りにおいて事業者に該当します。

④　**自己の供給する商品または役務（サービス）の取引にかかる事項について行うこと**

　「自己の」供給する商品・サービスに限られます。そのため、新聞社・放送局・広告会社などが、他社であるメーカーなどの商品・サービスの広告を行う場合は、不当表示規制の対象外となります。

■ **不当表示規制の要件** ……………………………………………………

表 示

　包装による広告、パンフレット、ポスター、新聞紙、雑誌など、指定されているもの

顧客を誘引するための手段として行われるもの

　事業者の主観的な意図ではなく、客観的に判断する

事業者

　経済活動を行っている者すべてが含まれる

自己の供給する商品・サービスに関する取引について行われる表示

　対象は自社の供給する商品・サービスに限られる
　他社の商品・サービスの広告は含まれない

13 優良誤認表示にあたる場合とは

商品・サービスの品質・規格などの内容についての不当表示

■■ 優良誤認表示について

　景表法では、商品やサービスの品質、規格などの内容について、実際のものや事実に相違して競争事業者のものより著しく優良であると一般消費者に誤認される表示を優良誤認表示として禁止しています。

　ここにいう「著しく」とは、誇張・誇大の程度が社会一般に許容されている程度を超えていることを指します。そして、誇張・誇大が社会一般に許容される程度を超えるものであるか否かは、当該表示を誤認して顧客が誘引されるか否かで判断され、その誤認がなければ顧客が誘引されることが通常ないであろうと認められる程度に達する誇大表示であれば「著しく優良であると一般消費者に誤認される」表示にあたります。

　優良誤認表示については、ⓐ内容について、実際のものよりも著しく優良であると一般消費者に対して示す表示、ⓑ内容について、事実に相違して競争事業者のものよりも著しく優良であると一般消費者に対して示す表示、という2つに分類できます。

　具体的には、商品・サービスの品質を、実際のものより優れていると広告する場合や、競争事業者が販売する商品よりも特別に優れているわけではないのに、あたかも優れているかのように広告を行うと、優良誤認表示に該当することになります。

　消費者庁の資料によると、優良誤認表示の具体例として、以下のようなものがあります。

① **内容について、一般消費者に対し、実際のものよりも著しく優良であると一般消費者に対して示す表示**

第5章 ◆ その他の会社をめぐる法務リスクと対策　207

- 国産有名ブランド牛肉であるかのように表示して販売していたが、実はただの国産牛肉で、国産ブランド牛肉ではなかった。
- 「入院1日目から入院給付金を支払う」と表示していたが、入院後に診断が確定した場合には、その日からの給付金しか支払われないシステムになっていた。
- 天然ダイヤモンドを使用したネックレスのように表示していたが、実は使われているのは、すべて人造ダイヤだった。
- 「カシミヤ100%」と表示していたセーターが、実はカシミヤ混用率が50%しかなかった。

② 内容について、事実に相違して競争事業者のものよりも著しく優良であると一般消費者に対して示す表示

- 「この機能がついているのはこのスマートフォンだけ」と表示していたが、実は他社のスマートフォンにも同じ機能が搭載されていた。
- 健康食品に「栄養成分が他社の2倍」と表示していたが、実は同じ量しか入っていなかった。

■ 優良誤認表示

1 実際のものよりも著しく優良であると示すもの
2 事実に相違して競争関係にある事業者に係るものよりも著しく優良であると示すもの

であって

不当に顧客を誘引し、一般消費者による自主的かつ合理的な選択を阻害するおそれがあると認められる表示

優良誤認表示の禁止

（具体例）
- 商品・サービスの品質を、実際よりも優れているかのように宣伝した
- 競争業者が販売する商品・サービスよりも特に優れているわけではないのに、あたかも優れているかのように宣伝する行為

14 不実証広告規制とは

合理的な根拠を有しないまま表示をして販売をしてはいけない

■■ 優良誤認表示に関する不実証広告規制とは

　不実証広告規制とは、消費者が適正に商品やサービスを選択できる環境を守るための規制です。景表法では、内閣総理大臣（内閣総理大臣から委任を受けた消費者庁長官）は、商品の内容（効果・効能など）について、優良誤認表示に該当するか否かを判断する必要がある場合には、期間を定めて、事業者に対して、表示の裏付けとなる合理的な根拠を示す資料の提出を求めることができます。提出期限は、原則として、消費者庁長官が資料の提出を求める文書を交付した日から15日を経過するまでの期間（正当な事由がある場合を除く）とされ、厳しいものとなっています。この期限内に事業者が求められた資料を提出できない場合には、当該表示は優良誤認表示とみなされます。

■■「合理的な根拠」の判断基準

　合理的な根拠の判断基準としては、以下の要素が必要です。

① 提出資料が客観的に実証された内容のものであること

　客観的に実証された内容のものとは、次のいずれかに該当するものをいいます。

ⓐ 試験・調査によって得られた結果

　試験・調査は、関連する学術界または産業界で一般的に認められた方法または関連分野の専門家多数が認める方法により実施する必要があります。学術界または産業界で一般的に認められた方法または関連分野の専門家多数が認める方法が存在しない場合には、社会通念上および経験則上妥当と認められる方法で実施する必要があります。上記

第5章 ◆ その他の会社をめぐる法務リスクと対策　209

の方法で実施されている限り、事業者自身や当該事業者の関係機関が行った試験・調査であっても、表示の裏付けとなる根拠として提出することが可能です。

なお、消費者の体験談やモニターの意見等を根拠として提出する場合には、統計的に客観性が十分に確保されている必要があります。

ⓑ　専門家、専門家団体もしくは専門機関の見解または学術文献

見解・学術文献の基準とは、専門家等が客観的に評価した見解または学術文献で、当該専門分野で一般的に認められているものが求められます。

② 表示された効果、性能と提出資料によって実証された内容が適切に対応していること

提出資料がそれ自体として客観的に実証された内容のものであることに加え、表示された効果、性能が提出資料によって実証された内容と適切に対応していなければなりません。

■ 不実証広告規制の対象となる具体的な表示 ……………………

1　ダイエット食品の痩身効果

食事制限をすることなく痩せられるかのように表示していた

2　生活空間におけるウィルス除去等の効果

商品を使用するだけで、商品に含まれる化学物質の効果により、身の回りのウィルスを除去するなど、周辺の空間を除菌等するかのように表示をしていた

3　施術による即効性かつ持続性のある小顔効果

施術を受けることで直ちに小顔になり、かつ、それが持続するかのように表示をしていた

4　高血圧等の緩解または治癒の効果

機器を継続して使用することで頭痛等が緩解するだけでなく治癒するかのように、また、高血圧等の特定の疾病もしくは症状も緩解または治癒するかのように表示をしていた

15 有利誤認表示にあたる場合とは

価格などの取引条件についての規制

■■ 有利誤認表示について

　景表法では、商品やサービスの価格などの取引条件について、実際のものや事実に相違して競争事業者のものよりも著しく有利であると一般消費者に誤認される表示を有利誤認表示として禁止しています。

　また、景表法では、有利誤認表示の一つとして、不当な二重価格表示を禁止しています。二重価格表示は、その内容について適正な表示が行われている場合には、一般消費者の適正な商品選択に資する面がありますが、比較対照価格の内容について適正な表示が行われていない場合には、有利誤認表示に該当するおそれがあります。

　有利誤認表示は、次の２つに分類されます。

① **価格やその他の取引条件について、実際のものよりも著しく有利であると一般消費者に誤認される表示**

・住宅ローンについて、「〇月〇日までに申し込めば優遇金利」と表示したが、実際には、優遇金利は借入れ時期によって適用が決まるものであった。

・商品の内容量について、実際は３人前の分量しかないのに５人前と表示していた。

② **価格やその他の取引条件が、競争事業者のものよりも著しく有利であると一般消費者に誤認される表示**

・他社の売価を調査せずに「地域最安値」と表示したが、実は近隣の店よりも割高な価格だった。

・「無金利ローンで買い物ができるのは当社だけ」と表示したが、実は他社でも同じサービスを行っていた。

第5章 ◆ その他の会社をめぐる法務リスクと対策　　211

■ 不当な二重価格表示における問題点

「当店通常価格」「セール前価格」などといった過去の販売価格を比較対照価格とする二重価格表示を行う場合に、同一の商品について最近相当期間にわたって販売されていた価格とはいえない価格を比較対照価格に用いるときは、当該価格がいつの時点でどの程度の期間販売されていた価格であるかなど、その内容を正確に表示しない限り、不当表示に該当するおそれがあります。

ある比較対照価格が「最近相当期間にわたって販売されていた価格」にあたるか否かは、当該価格で販売されていた時期および期間、対象となっている商品の一般的価格変動の状況、当該店舗における販売形態等を考慮しつつ、個々の事案ごとに検討されます。一般的には、二重価格表示を行う最近時において、当該価格で販売されていた期間が、当該商品が販売されていた期間の過半を占めている場合には、「最近相当期間にわたって販売されていた価格」とみてよいとされています。

■ 有利誤認表示

```
1 実際のものよりも取引の相手方に著しく有利であると一般消費者に
  誤認されるもの
2 競争事業者に係るものよりも取引の相手方に著しく有利であると
  一般消費者に誤認されるもの
```

⬇ であって

```
不当に顧客を誘引し、一般消費者による自主的かつ合理的な選択を
阻害するおそれがあると認められる表示
```

⬇

　　　　有利誤認表示の禁止

（具体例）
・商品・サービスの取引条件について、実際よりも有利であるかのように宣伝した
・競争業者が販売する商品・サービスよりも特に安いわけでもないのに、あたかも著しく安いかのように宣伝する行為

16 指定表示に該当する場合とは

一般消費者に誤認されるおそれがあると認められ、内閣総理大臣が指定する表示

■■ その他誤認されるおそれのある表示（指定表示）

景表法には、法自体に要件が定められている優良誤認表示・有利誤認表示の2つの不当表示の他に、内閣総理大臣が指定する不当表示があります。現在は、以下の7つが指定されています。

① 無果汁の清涼飲料水等についての表示

対象となる商品は2つあります。一つは、原材料に果汁や果肉が使われていない容器・包装入りの清涼飲料水など（清涼飲料水・乳飲料・発酵乳・乳酸菌飲料・粉末飲料・アイスクリーム類・氷菓）です。もう一つは、原材料に僅少な量の果汁や果肉が使われている容器・包装入りの清涼飲料水などです。これらの商品について、無果汁・無果肉であることや、果汁・果肉の割合を明瞭に記載しないのに、果実名を用いた商品名の表示などをすることが不当表示となります。

② 商品の原産国に関する不当な表示

2つの行為類型が規定されています。一つは、国産品について外国産品と誤認されるおそれのある表示です。もう一つは、外国産品について国産品・他の外国産品と誤認されるおそれのある表示です。これらの表示が不当表示であると規定されています。

③ 消費者信用の融資費用に関する不当な表示

消費者に対するローンや金銭の貸付において、実質年率が明瞭に記載されていない場合は不当表示にあたると規定されています。

④ おとり広告に関する表示

広告・チラシなどで商品・サービスがあたかも購入できるかのように表示しているが、実際には記載されたとおりに購入できないもので

第5章 ◆ その他の会社をめぐる法務リスクと対策　213

あるにもかかわらず、消費者がこれを購入できると誤認するおそれが
あるものが不当表示であると規定されています。具体例としては、次
のものが不当表示となります。

・セール期間中のチラシに「超特価商品10点限り！」と表示している
　にもかかわらず、実際には、その商品を用意していなかった、また
　は表示していた量より少ない量の商品しか用意していなかった。

⑤　不動産のおとり広告に関する表示

・不動産賃貸仲介業者が、Webサイトである賃貸物件を掲載してい
　たが、実際にはその物件はすでに契約済みであった。

⑥　有料老人ホームに関する不当な表示

・有料老人ホームが、入居希望者に配ったパンフレットには24時間の
　看護体制をとっていると表示していたが、実際には24時間体制は
　とっておらず、事実とは異なるものであった。

⑦　一般消費者が事業者の表示であることを判別することが困難であ
　る表示

　事業者が自己の供給商品またはサービスについて行う表示であるに
もかかわらず、一般消費者が事業者の表示であることがわからない場
合は不当表示となります。たとえば、事業者の役職員が第三者になり
すまして、自社商品をPRするコメントなどを投稿する場合などです。

■ 内閣総理大臣が指定する不当表示 ……………………………………

1	無果汁の清涼飲料水等についての表示
2	商品の原産国に関する不当な表示
3	消費者信用の融資費用に関する不当な表示
4	おとり広告に関する表示
5	不動産のおとり広告に関する表示
6	有料老人ホームに関する不当な表示
7	一般消費者が事業者の表示であることを判別することが困難である表示

17 措置命令について知っておこう

不当表示に関して調査し、是正・排除を求める権限を持つ

消費者庁の措置命令ではどんなことを命じられるのか

景表法に違反する過大な景品類の提供（4条）や不当表示（5条）が行われている疑いがある場合、消費者庁は、事業者から事情を聴取したり、資料を収集したりして調査を実施します。

その結果、事業者が景表法違反の過大な景品類の提供や不当表示をしていると判断した場合、消費者庁は、その事業者に対し、違反行為の差止め、一般消費者に与えた誤認の排除、再発防止策の実施、今後違反行為をしないことなどを命ずる行政処分を行います。このような行政処分のことを措置命令といいます。

なお、公正取引委員会にも景表法違反に関する調査を行う権限はありますが、措置命令を行う権限はありません。

消費者庁の措置命令が出される場合と手続き

景表法では、内閣総理大臣が措置命令などの権限を行使すると規定していますが、その権限は消費者庁長官に委任されています。過大な景品類の提供や不当表示を取り締まるのは、景表法を所管する消費者庁の役割です。そこで、消費者庁が措置命令に関する手続きを進めて行くことになります。景表法に違反する行為に対する措置命令手続きの主な流れは、以下のとおりです。

① 調査のきっかけとなる情報の入手

景表法違反の調査は、違反行為として疑われる情報を入手することがきっかけで始まります。違反事件の調査を始めるきっかけとなる情報をつかむことを端緒といいます。景表法においては、端緒に法的な

第5章 ◆ その他の会社をめぐる法務リスクと対策　　215

限定はありません。一般的には、一般消費者・関連事業者・関連団体からの情報提供や、職権による探知などがあります。

② 調査

景表法違反の行為に関する調査のための権限および手続は、一般的な行政調査権と同じ手続によって行われるのが原則です。

調査の主体は、消費者庁から公正取引委員会に委任されていますが、消費者庁自身も調査できるとしているので、消費者庁と公正取引委員会の双方がそれぞれ、または共同して調査を行っています。

③ 事前手続（弁明の機会の付与）

行政庁が不利益処分（名宛人の権利を制限し、または名宛人に義務を課する処分）を行う場合には、その処分の相手（名宛人）となるべき者の権利保護のため、事前手続として弁明の機会を付与することが必要です。措置命令も不利益処分に該当しますので、消費者庁は事業者に対し、事前に弁明の機会を付与しなければなりません。

なお、不当表示のうち優良誤認表示が疑われる事実がある場合、消費者庁は、事業者に対して、期間を定めて表示の裏付けになる合理的な根拠を示す資料の提出を求めることができます。提出ができないと、

■ 措置命令の手続 ･･

① 調査のきっかけ（端緒）となる情報の入手

⬇

② 消費者庁と公正取引委員会の双方による調査

⬇

③ 事前手続（弁明の機会の付与）

⬇

事業者が過大な景品類の提供や不当表示を行っていると
判断した場合には、消費者庁が措置命令を行う

措置命令に際し事業者は不当表示を行ったとみなされます。

　以上の手続きを経て、なお事業者が不当表示や過大な景品類の提供を行っていると判断した場合には、消費者庁が措置命令を行います。

■■ 措置命令はどのような内容なのか

　措置命令の内容は、主文、事実、法令の適用、法律に基づく教示の4つの項目からなっています。また、主文では、次の事項が命じられることになります。

・差止命令

　過大な景品や不当な広告などを中止すること

・再発防止策の実施

　今後、同様の行為を行わないこと、同様な表示が行われることを防止するための必要な措置を講じ、役職員に徹底すること

・差止命令や再発防止策実施に関する公示

　違反行為があった事実について、取引先への訂正通知や一般消費者に向けて新聞広告などを行うこと

・その他必要な事項

　措置命令に基づき行ったことを消費者庁長官に報告することなど

■■ 措置命令に不服がある場合はどうする

　措置命令を不服として争うための手続は、行政不服審査法に基づく審査請求、または行政事件訴訟法に基づく取消訴訟です。

　審査請求は、行政機関への申立てによって措置命令の取消しを請求する場合であり、措置命令を知った日の翌日から起算して3か月以内かつ措置命令の日の翌日から起算して1年以内に、書面で消費者庁長官に対して申し立てます。

　これに対し、取消訴訟は、裁判所への訴訟の提起によって措置命令の取消しを請求する場合であり、措置命令を知った日の翌日から起算

第5章 ◆ その他の会社をめぐる法務リスクと対策　217

して6か月以内かつ措置命令の日の翌日から起算して1年以内に、国（法務大臣）を被告として訴訟を提起します（審査請求を行った場合には、その裁決があった日の翌日から起算します）。

■■ 都道府県知事によって措置命令が行われることもある

措置命令については、消費者庁のみでは景表法に違反するかどうかの判断などについて限界がある点や、地方主導で措置命令が行われることが適切である場合もある点から、措置命令を行う権限が都道府県知事にも付与されています。また、公正取引委員会や関係省庁にも景表法に違反するかどうかの調査を行う権限が付与されています。

■■ 確約制度と直罰制度の新設

令和5年成立の景表法改正で、過大な景品類の提供や不当表示の疑いのある事実が認められる事業者が是正措置計画を申請し、消費者庁長官から認定を受けた場合、当該事実について措置命令や課徴金納付命令の適用を受けないとする制度（確約手続）が新設されました。

また、不当表示のうち優良誤認表示と有利誤認表示に対して、直罰制度（措置命令などの行政処分を経ることなく直ちに罰則が適用される制度）が新設されました。

■ 措置命令を不服として争うための手続 ·······························

審査請求は書面で消費者庁長官に対して申し立てる

措置命令を知った日の翌日から起算して3か月以内かつ措置命令の日の翌日から起算して1年以内に申し立てる

訴訟によって措置命令の取消しを請求する場合

措置命令を知った日の翌日から起算して6か月以内かつ措置命令の日の翌日から起算して1年以内に、国（法務大臣）を被告として取消訴訟を提起する

18 金融商品取引法について知っておこう

金融商品の取引において投資家を保護するための規制

■■ どんな法律なのか

　金融商品取引法は、企業が保有する情報の開示や、金融商品取引業を行う者への規制、金融商品取引所の運営などを定めることで、有価証券や金融商品の取引の公正さや適切な価格形成を図ることをめざしています。そして、国民経済の健全な発展や投資家の保護を最終的な目的としています。ここで「投資家の保護」とは、事実を知らされないことで投資家が不利益を受けることや、不公正取引によって投資家が不利益を受けることを意味します。投資家が適切に情報を入手できる環境を整備し、金融商品の市場価格への人為的な操作を防ぐことが金融商品取引法の役割といえます。

　たとえば、有価証券の発行者に対しては、企業の経営状態や財政状態の情報や発行する株式の数などの証券情報を公開することを義務付けています。また、金融商品の仲介者が投資商品を投資家に販売・勧誘する際に、投資家が誤解するような表示を行うことを禁止しています。投資家の判断に役立つように、仲介者に対しては投資家に取引の内容を示した書面の交付などを義務付けています。

■■ 金融商品取引法は３種類の規制で成り立っている

　金融商品取引法は、主として、①情報公開（企業が保有している情報を公開する）、②仲介者の役割と義務（金融商品取引業者が負うべき義務）、③禁止行為（株式の取引や価格の形成の中で行われる不公正な行為）という３種類に関する規制によって成り立っています。

　①は開示規制といい、有価証券の募集等の際の有価証券届出書の提

第5章 ◆ その他の会社をめぐる法務リスクと対策　　219

出義務、上場企業の有価証券報告書や決算短信の提出義務、一定の株式等の取得の際の公開買付けの義務付けなどがあります。これらの情報公開で投資判断をしやすくし、投資家を保護しています。

②は業規制ともいい、金融商品を取り扱う一定の事業に参入する場合に登録などを必要とする参入規制と、登録などを行って参入した事業者の事業活動に一定の義務を課す行為規制とに分類されます。参入規制については、たとえば、第一種金融商品取引業や第二種金融商品取引業などについて登録を必要としています。一方、行為規制については、たとえば、標識の掲示義務、広告の規制、契約締結前・契約締結時の書面交付義務、各種禁止行為、損失補てんの禁止、適合性の原則（顧客の知識等に照らして投資家保護に欠ける不適当な勧誘をしてはならないとする原則）などがあります。

③は不公正取引規制ともいい、禁止される不公正取引として、インサイダー取引、相場操縦取引、風説の流布などが挙げられます。インサイダー取引とは、上場企業の関係者等が、その職務や地位によって知り得た投資判断に重大な影響を与える未公表の企業情報を利用して、その企業の株式等を売買する行為です。相場操縦取引とは、相場を人為的に変動させて自己の利益を図ろうとする行為です。風説の流布とは、相場の変動を図る目的をもって虚偽の情報を流すことです。

■ 金融商品取引法の3種類の規制

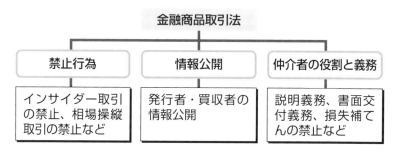

19 金融商品取引法に違反するとどうなるのか

刑事責任や民事責任を問われたり行政処分を受ける可能性がある

金融商品取引法に違反した場合の責任

　金融商品取引法違反に対しては、刑事責任（刑事罰）、民事責任（損害賠償責任）を問われる他、行政処分（営業停止、登録取消し、課徴金納付命令など）を受ける可能性もあります。

刑事責任について

　金融商品取引法違反に対しては、違反行為の内容に応じた刑事罰が科されます。たとえば、インサイダー取引をした者に対しては、5年以下の拘禁刑（令和7年5月までは懲役刑）または500万円以下の罰金刑が科されます（拘禁刑と罰金刑が併せて科される場合もあります）。さらに、会社の代表者や代理人、使用者その他の従業員が、会社の業務に関してインサイダー取引をした場合、その会社に対しても5億円以下の罰金刑が科されます（両罰規定）。

　刑事責任が問題になった場合は、違反行為者や会社に対して、証券取引等監視委員会による犯則調査や、捜査機関（警察・検察）による捜査が行われます。なお、罰金刑と後述する課徴金納付命令は、金銭を国に納める点では共通しています。しかし、罰金刑は刑事罰として科されるのに対し、課徴金納付命令は行政処分としての金銭納付命令であり、その性質が異なります。

民事責任について

　金融商品取引法に違反した場合は、民事責任として損害賠償責任を負うことがあります。たとえば、有価証券届出書に重要な虚偽記載が

第5章 ◆ その他の会社をめぐる法務リスクと対策　221

あった場合、その届出書をもとに有価証券を取得した者は、有価証券届出書を提出した会社に損害賠償請求ができます。

行政処分について

金融商品取引法に違反した場合は、金融庁長官などから行政処分を受けることがあります。行政処分とは、法令に基づいて行政機関が独自に行う、業務改善命令、業務停止命令、登録取消し、課徴金納付命令などの行政上の措置のことです。課徴金納付命令とは、一定の規定に違反した者に対して金銭の支払いを命じる行政上の措置です。

その他に受ける不利益

金融商品取引法違反の事実が発覚すると、違反した会社の社会的評価が低下する他、取引相手から取引を打ち切られる可能性が出てきます。さらに、株価低下を招く原因にもなり、投資家が違反した会社の有価証券の購入を見合わせることが予想されます。

また、金融商品取引法違反の行為をした金融商品取引業者等は、日本証券業協会から戒告、除名などの処分を受ける可能性があります。証券取引所に参加している場合であれば、証券取引所での取引資格が取り消される可能性もでてきます。

金融商品取引法違反に対する制裁 ....

刑事責任	民事責任	行政処分
・拘禁刑 ・罰金刑	・損害賠償責任	・業務改善命令 ・業務取消命令 ・登録の取消し ・課徴金納付命令

■■ 金融商品取引法に違反すると役員等はどんな責任を負うのか

　会社内において金融商品取引法違反の行為があった場合、その会社の役員等（取締役、執行役、監査役、会計参与、会計監査人）は、会社法上の民事責任・刑事責任を負うことがあります。

　まず、役員等が、その任務を怠って（善管注意義務や忠実義務違反など）会社に損害を与えた場合には、会社に対する損害賠償責任を負います。これを任務懈怠責任といいます。任務懈怠責任を負う役員等は取締役に限られないため、たとえば、会計監査人として職務を行っていた監査法人が任務懈怠責任を問われる可能性もあります。

　たとえば、金融商品取引法で義務付けられている届出などを行わなかったことが発覚した結果、会社の株価などが大幅に下落した場合が任務懈怠責任を負うケースの一つです。会社が取締役の任務懈怠責任を追及しない場合には、株主代表訴訟という形で株主による責任追及が行われます。

■■ 役員等の第三者に対する責任

　会社法上、役員等が任務を怠って会社以外の第三者（株主や会社債権者など）に損害が発生した場合、その役員等は、第三者に対しても損害賠償責任を負います。具体的には、任務懈怠について悪意（知っていた）または重過失（重大な不注意）があったため、第三者が被った損害を賠償する責任を負います。たとえば、会社の財務諸表に虚偽記載をした結果、第三者に損害を与えた場合、役員等はその損害を賠償しなければなりません。

■■ 会社法上の罰則

　金融商品取引法違反の行為については、金融商品取引法で定める罰則が適用されます。さらに、取締役等（発起人、取締役、執行役、監査役、会計参与など）の任務に違反する行為にも該当するとして、会

第5章 ◆ その他の会社をめぐる法務リスクと対策　　223

社法上の特別背任罪にあたる可能性があります。特別背任罪とは、自己や第三者の利益を図り、または会社に損害を加える目的で、その任務に背く行為をし、その会社に財産上の損害を加えた場合に成立する犯罪です。特別背任罪の刑期は10年以下の拘禁刑（令和７年５月までは懲役刑）または1,000万円以下の罰金刑です（双方が併科される場合もあります）。

　また、粉飾決算により違法配当を行った場合など、会社財産に悪影響を与えたときは、会社財産を危うくする罪が成立し、５年以下の拘禁刑または500万円以下の罰金刑が科されます（双方が併科される場合もあります）。

■ 取締役等に科される可能性がある罰則

罪　　名	主　　体	行　　為	罰　　則
特別背任罪	発起人、取締役、執行役、監査役、会計参与など	自己もしくは第三者の利益を図る目的、または会社に損害を加える目的で、任務に背く行為をし、会社に損害を加えること	10年以下の拘禁刑または1,000万円以下の罰金刑（併科の場合もある）
会社財産を危うくする罪	発起人、取締役、執行役、監査役、会計参与など	株式などの引受による払込に際して、裁判所や総会で虚偽の申述、事実の隠ぺいをすること	5年以下の拘禁刑または500万円以下の罰金刑（併科の場合もある）
	取締役、執行役、監査役、会計参与など	①会社の計算で不正にその株式を取得すること、②法令・定款に反する剰余金の配当、③会社の目的範囲外の投機取引のための会社財産の処分	

＊令和７年6月から懲役や禁錮が拘禁刑に統一されます。

20 内部告発をめぐる問題について知っておこう

内部告発者を保護する法律がある

内部告発とは

　ある組織に属する人が、組織内で行われている（または行われようとしている）不正行為について、事業者内部や行政機関などに通報することを内部告発といいます。行政機関の役割としては、行政調査による情報収集や、収集された情報に基づいた行政指導による予防措置が考えられますが、不正行為が表面化していない段階での行政調査には限界があります。

　そこで、事業者内部での公益を害するおそれのある事実を内部から通報した労働者等（労働者、派遣労働者、退職後１年以内の者、役員）を保護することにより、不正行為の予防を促すための法律として、平成16年（2004年）に「公益通報者保護法」が制定されました。この法律では、公益通報をしたことを理由とする不利益取扱い（解雇・降格・減給など）を禁止して、公益通報者を保護しています。

　公益通報者保護法の適用対象である「事業者」とは、「法人その他の団体及び事業を行う個人」を指します。たとえば、①株式会社や持分会社（営利目的がある法人）、②一般法人・公益法人、③協同組合、④特定非営利活動法人（NPO法人）、⑤個人事業主、⑥国の行政機関、⑦地方公共団体が挙げられます。つまり、事業（営利目的がないものを含む）として活動していれば、すべて「事業者」に該当して適用対象となります。

公益を害するおそれのある事実の通報先と保護要件

　公益通報者保護法は、公益通報を理由とする不利益取扱いを禁止し

第５章 ◆ その他の会社をめぐる法務リスクと対策　225

て、公益通報者を保護しています。具体的には、公益通報を理由とする解雇を無効とするとともに、同様の理由による降格・減給・退職金不支給などを禁じています。公益を害するおそれのある事実の通報先と、公益通報者が保護されるための要件（保護要件）として規定するのは、以下の3つです。

① **事業者内部（内部公益通報）**

　労働者等がその内部で勤務する事業者です。会社の監査役もしくはそれに準じる役職の人、コンプライアンスの専門部署、会社が通報先として定めた労働組合もしくは顧問弁護士などが当てはまります。

② **行政機関（行政機関公益通報）**

　通報対象事実について処分・勧告などをする権限を有する行政機関に通報した者も、公益通報者保護法の保護対象とされています。ここでの「行政機関」には、議会を除く地方公共団体の機関も含まれます。

　行政機関公益通報の保護要件は、ⓐ対象事実が生じ、もしくはまさに生じようとしていると信じるに足りる相当な理由がある（単なる伝聞や憶測ではない）場合、または、ⓑ対象事実が生じ、もしくはまさに生じようとしていると思料し、かつ、一定の事項を記載した書面を提出した場合です。

③ **事業者外部（外部公益通報）**

　通報対象事実の性質によっては、マスコミ（報道機関）や消費者団体などの外部の第三者を通じて広く通報する必要が生じる場合もあります。しかし、事業者が受けるダメージが大きいことから、外部公益通報の場合は、内部公益通報・行政機関公益通報に比べて保護要件が厳しくなっています。

　具体的には、前述した行政機関公益通報のⓐの要件にプラスして、「内部公益通報・行政機関公益通報をすれば解雇その他不利益な取扱いを受けると信ずるに足りる相当の理由がある」「内部公益通報をすれば証拠の隠滅・偽造などのおそれがあると信ずるに足りる相当の理

由がある」「事業者が公益通報者について知り得た事実を公表するおそれがあると信ずるに足りる相当の理由がある」「正当な理由なく事業者から内部公益通報・行政機関公益通報をしないよう要求された」「書面により内部公益通報をした日から20日を経過しても正当な理由なく調査が行われない」「個人の生命・身体・財産に対する損害（回復できない損害などに限る）が発生し、もしくは発生するおそれがあると信ずるに足りる相当の理由がある」という6つの事項のうち一つ以上に当てはまることが保護要件とされています。

■■ 公益通報者保護法の問題点と改正点

公益通報者保護法は、思ったほどの効果を発揮せず、相変わらず食品産地の偽装事件などが起こっていたため、主に以下のような法改正が行われました（令和4年6月施行）。

ⓐ 保護される通報対象事実が、犯罪行為だけでなく行政罰としての過料対象の事実にも拡大されました。

ⓑ 行政機関公益通報と外部公益通報の保護要件が、それぞれ緩和されました（前述した保護要件は改正後のものです）。

ⓒ 保護対象者が、退職後1年以内の者、事業者の役員（取締役、監査役、理事など）にも拡大されました。

■ 公益通報者保護制度 ···

第5章 ◆ その他の会社をめぐる法務リスクと対策　227

ⓓ 事業者に対して、内部公益通報に対応する業務に従事する者（公益通報対応業務従事者）を指定する義務と、公益通報に対応するために必要な体制を整備する義務が課されました（ただし、従業員300人以下の中小企業は努力義務）。

ⓔ ⓓについて、内閣総理大臣は、事業者に対して、報告を求め、助言・指導・勧告をすることができ、報告をしないまたは虚偽の報告をした事業者は過料に処せられ、さらに、勧告に従わない事業者を公表できるようになりました（ただし、内閣総理大臣の権限は、政令で定めるものを除いて、消費者庁長官に委任されます）。行政機関も事業者と同じく、公益通報に対応するために必要な体制を整備する義務が課されました。

ⓕ 公益通報によって損害を受けたことを理由に、事業者が公益通報者に対して損害賠償請求ができないことを定めました。

ⓖ 公益通報をした役員が、公益通報を理由に解任された場合における損害賠償請求権について定めました。

■■ 差別的な取扱いと裁判所の評価

不正行為が表面化すると会社は社会的信用を失い、倒産の危機にさらされます。そこで、会社の経営陣はもちろん、同僚たちも、内部告発者に対して差別的な取扱いをすることがありえます。差別的な取扱いについて、内部告発者が会社を被告として損害賠償請求訴訟を起こした際の裁判例を見ると、公益通報者保護法の保護対象となる事案だけでなく、その内部告発が保護要件を満たしていなくても、総合的に見て会社の対応に違法性があると判断される場合には、内部告発者の損害賠償請求を認めています。

公益通報者保護法は、退職した元労働者や元派遣労働者も、退職後1年以内の場合は保護対象に加えられています。また、会社外部の取引先の労働者等も保護対象となります。

21 取締役に課せられる罰則について知っておこう

刑法とは別に会社法にも罰則の定めがある

■ どんな罰則規定があるのか

　会社法では、会社の健全性を守るため、以下のような違法な行為を行った役員らに対して刑罰を科すものとしています。

① 取締役らの背任行為

　背任行為とは、他人の事務を委託された者が、自己もしくは第三者の利益を図りまたは会社に損害を加える目的でその任務に背く行為をすることです。取締役が任務に背く行為をすると会社に対する背任行為となり、特別背任罪となります。

② 会社財産に対する罪

　「会社財産を危うくする罪」と「預合いの罪」があります。預合いとは、発起人らが銀行と示し合わせ、帳簿上借入れをし、それを払込みにあてる形をとり、この借入れを返済するまでは預金を引き出さないことを約束する行為をいいます。

③ 株式などに関する罪

　「虚偽文書行使等の罪」と「株式の超過発行の罪」があります。発起人や取締役らが株式などの募集に関して虚偽の記載・記録をした場合や、発行可能株式総数を超えて株式を発行した場合に罰則が科されます。

④ 汚職・不正な利益供与の罪

　「取締役等の贈収賄罪」と「株主等の権利の行使に関する贈収賄罪」「株主等の権利の行使に関する利益供与の罪」があります。株主の権利行使については、贈収賄罪と利益供与罪があります。

⑤ その他

　「業務停止命令違反の罪」「虚偽届出等の罪」などがあります。また、

第5章 ◆ その他の会社をめぐる法務リスクと対策　229

役員らが登記などの情報開示を怠るなど一定の行為については、100万円以下の過料に処せられます。

■ 主な罰則規定 ………………………………………………………

罪　名	主　体	行　為	罰　則
特別背任罪	発起人、取締役、執行役、監査役、会計参与など	自己または第三者の利益を図る目的、会社に損害を加える目的で、任務に背く行為をし、会社に損害を加えること	10年以下の拘禁刑または1,000万円以下の罰金（両方の場合もある）
会社財産を危うくする罪	発起人、取締役、執行役、監査役、会計参与など	株式などの引受による払込に際して、裁判所や総会で虚偽の申述、事実の隠ぺいをすること	5年以下の拘禁刑または500万円以下の罰金（両方の場合もある）
	取締役、執行役、監査役、会計参与など	①会社の計算で不正に株式を取得すること、②法令・定款に反する剰余金の配当、③会社の目的範囲外の投機取引のための会社財産の処分	
預合い罪	発起人などや払込取扱機関	発起人らと払込取扱機関が通謀して、帳簿上、借入金の払込があったものとし、借入金の返済が済むまでその払戻しをしないとの約束をすること	5年以下の拘禁刑または500万円以下の罰金（両方の場合もある）
取締役等の贈収賄罪	（収賄側としては）取締役、執行役、監査役、会計参与、会計監査人など	（収賄側としては）職務上、不正の請託（依頼）を受け、財産上の利益を受け取り、または要求もしくは約束をすること	（収賄側としては）5年以下の拘禁刑または500万円以下の罰金
株主等の権利の行使に関する贈収賄罪	（贈賄側としては）法律上、特に限定はないが、主に取締役、執行役など	（贈賄側としては）株主の権利行使に関し、不正の請託（依頼）をして、財産上の利益を供与し、またはその申込みもしくは約束をすること	5年以下の拘禁刑または500万円以下の罰金（贈賄側も収賄側も同じ）
株主等の権利の行使に関する利益供与の罪	（利益を与える側としては）取締役、執行役、監査役、会計参与など	株主の権利行使に関し、会社またはその子会社の計算で財産上の利益を与えること	3年以下の拘禁刑または300万円以下の罰金（両方の場合もある）

＊令和7年6月から懲役や禁錮が拘禁刑に統一されます。

22 株主や役員からの不正追及の手段もある

違法行為差止請求権、解任の訴え、株主代表訴訟などをおさえておく

■■ 株主や監査役による違法行為差止請求権

　会社のリスクを効率的にマネジメントすることは大切ですが、法令に違反するような活動は避けなければなりません。コンプライアンスを疎かにすると以下のような違法行為差止請求を受ける可能性があります。

　株主は、取締役が会社の目的の範囲外の行為や法令・定款に違反する行為をし、またはそのおそれがある場合で、その行為によって会社に著しい損害が生じるおそれがあるときは、その行為をやめることを請求することができます（違法行為差止請求。会社法360条1項）。監査役設置会社や委員会設置会社では、「著しい損害」発生のおそれではなく、「回復することができない損害発生」のおそれがなければ、差止請求ができません（会社法360条3項）。違法行為差止請求権は、公開会社の場合、6か月前から引き続き株式をもつ株主にだけ認められます。非公開会社の場合は、6か月の保有期間は不要です。

　また、監査役にも、取締役の違法行為差止請求権が認められています（会社法385条1項）。監査役の違法行為差止請求権は、取締役が会社の目的の範囲外の行為その他法律や定款に違反する行為をし、または、それらの行為を行うおそれがあり、その行為によって会社に著しい損害が発生するおそれがある場合に認められます。

■■ 株主総会決議による解任

　違法行為差止請求を行ったとしても、取締役の地位にいる限り不正な行為が繰り返されるおそれがあります。その防止のため、株主は株主総会決議により、いつでも取締役を解任することができます（会社法339

第5章 ◆ その他の会社をめぐる法務リスクと対策　　231

条)。議決権を行使することができる株主の議決権の過半数を有する株主の出席、出席した株主の議決権の過半数が必要です（会社法341条）。

■■ 解任の訴えとは何か

取締役が不正な行為をしたとき、または法令・定款に違反する重大な事実があったにもかかわらず、その役員を解任する旨の議案が株主総会で否決された場合、一定の要件を満たす株主は、裁判所に取締役の解任を請求する訴えを提起することができます（会社法854条1項）。

提訴期間は株主総会の日から30日以内です。6か月前から引き続き総株主の議決権（または発行済株式）の3％以上をもっていれば行使できます。非公開会社では、6か月の保有期間は不要です（会社法854条2項）。

■■ 株主代表訴訟とは

個々の株主が会社に代わって取締役等の責任を追及する訴えが株主代表訴訟です。会社法では、株主による責任追及等の訴えという名称で規定されています（会社法847条）。

株主代表訴訟が認められるのは、取締役などの義務違反などの違法行為により会社に損害が生じた場合です。ただし、訴える株主側に不正な利益を図る目的や、会社に損害を与える目的があるようなケースでは株主代表訴訟は認められません。また、株主は株主代表訴訟を提起する前に、まず会社に取締役などの責任を追及する訴えを提起することを請求する必要があります（会社法847条1項、3項）。違法行為を行った取締役などに訴えを起こすことを求めたにもかかわらず、請求の日から60日以内に、会社として取締役などに対して訴えを提起しない場合に、株主は株主代表訴訟を提起することが可能となります。

なお、平成26年の改正によって、「多重代表訴訟制度（特定責任追及の訴え）」が導入されました（会社法847条の3）。これは、一定の要件を

満たす親会社の株主が、子会社の取締役などに対して責任追及の訴えを提起することができるという制度です。要するに、株主代表訴訟を子会社の取締役などに対しても提起することができるということです。

■ 担保提供命令によって対抗する方法もある

株主代表訴訟の被告となった取締役は、株主の訴えに根拠がないと考えるのであれば、訴訟の係属している裁判所に対して、原告に担保の提供を命じるように請求することができます（会社法847条の4第2項）。これを担保提供命令といいます。株主の起こした代表訴訟が、事実的・法律的な根拠がなく、全株主の利益を適切に代表していない可能性が高いと判断された際に、高額な担保を提供させる、ということにしておくことで、不当な訴訟を排除することができます。担保の提供とは、金銭を裁判所に対して預けることです。裁判所は、取締役の主張するように株主のその訴えが事実的・法律的な根拠のないものであると一応認められると判断した場合には、担保の提供を原告である株主に求めます。裁判所が原告に対して担保提供を命令した場合、原告が担保を提供しなければ株主代表訴訟は却下されます。

■ 株主代表訴訟（責任追及等の訴え）

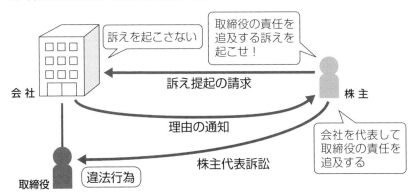

Column

下請法改正が検討されている

　令和7年（2025年）に予定されている下請法の改正に向けた議論が進んでいます。この改正は、近年の物価上昇を受けて、下請事業者の取引環境を適正化し、適切な価格転嫁を促進することを目的としています。主な改正のポイントは以下のとおりです。

①**下請法逃れへの対策**：現行法では、資本金額を基準に適用対象を定めていますが、意図的に資本金額を減らして親事業者の対象外となる事例などが指摘されています。改正案では、資本金に加えて「従業員数」（製造委託等は300人、役務提供委託等は100人）を基準とすることで、適用対象を広げることが検討されています。

②**買いたたき規制の強化**：現行法では、親事業者が不当に低い価格で下請事業者と契約する行為が規制されていますが、価格据え置きによる実質的な買いたたきが問題視されています。改正案では、価格変動が生じた際、親事業者が下請事業者からの価格協議の申し出に応じない行為を規制対象として追加することが検討されています。

③**支払条件の見直し**：政府は約束手形の廃止をめざしています。改正案では、手形による支払いを認めず、電子記録債権やファクタリングを用いる場合も、支払期日までに満額の現金との引き換えができるという条件を満たす必要があるとしており、下請事業者の資金繰りが改善されることが期待されています。

④**物流分野への適用拡大**：現在、発荷主から運送事業者への委託取引は、下請法の規制対象ではなく、独占禁止法の物流特殊指定による規制対象です。改正案では、この取引を下請法の規制対象として追加することで、買いたたきや不当な業務強要の防止を図る方針が示されています。

　特に基準見直しによる適用対象の拡大は、新たに親事業者の対象に追加される企業に大きな影響を及ぼす可能性が高いです。企業は改正内容を踏まえた取引の見直しなどを進める必要があるでしょう。

第6章

営業秘密・知的財産権
侵害へのリスクと対策

1 職務発明について知っておこう

特許を受ける権利を会社が最初から取得できることもある

■■ 法人の特許出願と法律の対応

わが国の特許出願は、圧倒的に法人によるものが多数です。特許制度が産業の発達を支える制度であることが反映されています。

しかし、法人の出願といっても、法人そのものが発明したわけではなく、そこに勤務する従業員などによる研究や開発のたまものなのです。そのため、経済的な効果も大きい特許権は、企業のような法人のものなのか、それともそこで働く従業員個人のものなのかは、常に問題となります。このような従業員の発明は、職務発明、業務発明、自由発明の3つに区分して考えられています。会社の業務範囲内かつ従業員の職務範囲内の発明であれば職務発明、会社の業務範囲内で従業員の職務範囲外の発明であれば業務発明、会社の業務範囲外かつ従業員の職務範囲外の発明であれば自由発明です。

この3区分のうち、権利の調整が一番難しいのは職務発明です。なお、職務発明は、広く使用者・法人・国・地方公共団体と従業者・法人の役員・国家公務員・地方公務員の間で発生しますが、ここでは会社と従業員の例で、以下に説明していきます。

■■ 職務発明制度についての特許法の定め

職務発明制度については、平成27年の法改正により大きな変更がありました。法改正前は、職務発明をした時点で特許を受ける権利を取得するのは発明者だけでした。したがって、会社が特許を受ける権利を取得するためには、従業員との契約や就業規則（勤務規則）などにより、発明者である従業員から特許を受ける権利を譲り受けて取得す

るしかありませんでした。また、共同研究による発明で特許を受ける権利が他社や大学との共有である場合、他社などの発明者の同意も得ないと、会社は自社の発明者の特許を受ける権利の持分を承継できないという問題などもありました。

　法改正により、従業員がした職務発明について、契約や就業規則などにおいてあらかじめ会社に特許を受ける権利を取得させることを定めていた場合は、その発生時から会社が特許を受ける権利を原始取得することになりました。したがって、このような定めがあるかどうかによって職務発明の扱いが異なります。

　まず、定めがない場合について説明します。この場合、職務発明をした時点で、特許を受ける権利は発明者である従業員に発生し、その従業員が特許を受ける権利を原始取得します。もし従業員が自分で出願したり、特許を受ける権利を譲り受けた第三者が出願したりして特許となると、会社は特許権者となることができません。ただし、会社にその特許権の通常実施権は発生するので、職務発明の実施をすることはできますが、会社は特許権者ではないので独占的に実施することはできません。もっとも、従業員から特許を受ける権利を譲り受けることができれば、会社が出願して特許権者となり、職務発明を独占的

■ **発明の種類と職務発明制度** ……………………………………………

第6章 ◆ 営業秘密・知的財産権侵害へのリスクと対策　　237

に実施することができるようになります。

次に、会社に特許を受ける権利を取得させることを定めていた場合
は、職務発明をした時点で、特許を受ける権利は会社に発生し、会社
が特許を受ける権利を原始取得します。したがって、会社が出願して
特許権者となれば、職務発明を独占的に実施できます。また、共同研
究による発明の際、他社などの発明者の同意を得ることなく、特許を
受ける権利の持分をその発生時から取得できます。

■■ 従業員が受けられる相当の利益

会社が特許を受ける権利を原始取得した場合も、従業員から譲り受
けて承継取得した場合も、従業員は会社に対し相当の利益を請求する
ことができます。相当の利益とは、金銭だけでなく、留学の機会の付
与、ストックオプションの付与などを含む経済上の利益のことをいい
ます。法改正前は相当の対価と規定され、金銭のみが報酬として認め
られていましたが、法改正により金銭以外の経済上の利益についても
報酬として認められるようになりました。

相当の利益は、会社と従業員間で定めた職務発明規程などに基づい
て発明者に付与されます。職務発明規程などは、経済産業大臣が定め
る指針に従ったものでなければなりません。この指針のことを特許法
35条6項の指針（ガイドライン）といい、平成28年4月22日に経済産
業省告示として公表されています。

■■ 指針には何が記載されているのか

相当の利益を確定するまでの一連の流れは、図（次ページ）のように
なっています。指針には、これらの流れのうち、①基準案の協議、
②基準の開示、③意見の聴取、の3項目について、その手続きの適正
なあり方が記載されています。

たとえば、①の基準案の協議においては、協議に際して会社側が従

業員側に提示することが必要とされる資料について例示しています。具体的には、基準案の内容、従業員の処遇、会社側の受ける利益・費用負担・リスク、研究開発内容や環境の充実度や自由度、同業他社の基準などが挙げられています。

　また、②の基準の開示においては、確定した基準の適正な開示方法が例示されています。具体的には、従業員の見やすい場所へ掲示をする、従業員に書面を交付する、従業員が常時閲覧できるイントラネット（企業内のネットワーク）で開示する、インターネット上のウェブサイトで開示する、などといった方法が挙げられています。

　③の意見の聴取においては、適正な意見の聴取方法の一つとして、社内に異議申立制度を整備することなどが例示されています。

　相当の利益を付与する手続きが、指針の内容に沿って実施されていない場合には、その手続きは不合理なものであると判断されます。不合理なものと判断された場合は、前もって社内で職務発明規程などを定めてあったとしても、その規定通りに相当の利益を決定することはできません。その発明により会社が受ける利益の額や会社が行う負担などを考慮して、相当の利益の内容を決め直すことになります。相当の利益についての基準があらかじめ定められていないときも同様です。

　なお、業務発明や自由発明はこの指針の対象になっていませんので、原則として一般の発明と同じように扱われます。

■ 相当の利益を確定するまでの流れ

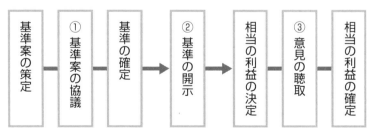

第6章 ◆ 営業秘密・知的財産権侵害へのリスクと対策　239

2 不正競争防止法について知っておこう

個別の法律が保護しきれない知的財産も保護する法律

■■ 不正競争防止法の目的

　知的財産はさまざまな法律で保護されています。しかし、知的財産の中には、各法律で定める要件に該当せず、その法律の保護を受けられない場合もあります。たとえば、商標は登録すれば商標法の保護を受けますが、登録していないと保護されません。ある企業が長年使っており世間によく知られた商標が登録されていない場合、その企業と無関係の第三者が同じ商標を使って商売を始めても、その企業は商標法の保護を受けられません。不正競争防止法は、このような場合でも被害を受けた企業が保護されるように条文が設けられています。

■■ 不正競争行為とは

　不正競争防止法では、事業者間で不正競争行為が行われないよう秩序維持が図られています。具体的には、不正競争行為に対する差止請求が可能です。また、不正競争行為により損害が生じた場合は、損害賠償請求も可能です。さらに、一定の悪質な不正競争行為には、刑事罰も定められています。不正競争行為の類型は以下のとおりです。

① 周知表示混同惹起行為

　需要者（取引の相手方）の間に広く知られている他人の商品や営業の表示（商標や商号など）と同一または類似のものを使用した結果、その他人の商品や営業と混同を生じさせる行為です。

② 著名表示冒用行為

　他人の著名な商品や営業の表示と同一または類似の表示を、自分の商品や営業の表示として使用する行為です。

240

③ 形態模倣商品の提供行為

　他人の商品の形態を模倣した商品を譲渡し、電気通信回線を通じて提供するなどの行為です。

④ 営業秘密の侵害

　他人の営業秘密を盗む行為や、取得した営業秘密を不正な利益を得る目的で自ら使用し、第三者に開示するなどの行為です。

⑤ 限定提供データの不正取得等

　営業秘密ではないが、特定の者に限定して提供する情報として電磁的方法により相当量蓄積・管理された技術上・営業上の情報（車両走行データ、機械稼働データなど）を不正に取得などをする行為です。

⑥ 技術的制限手段無効化装置等の提供行為

　技術的制限手段は、音楽や映画、ゲームなどのコンテンツの暗号化

■ 不正競争防止法の目的と規制範囲 ……………………………

事業者間の公正な競争の促進 ⇒ 国民経済の健全な発展

規　制 →

違反者には…

不正競争行為差止請求
損害賠償請求
刑事罰

① 周知表示混同惹起行為

② 著名表示冒用行為

③ 形態模倣商品の提供行為

④ 営業秘密の侵害

⑤ 限定提供データの不正取得等

⑥ 技術的制限手段無効化装置等の提供行為

⑦ ドメイン名の不正取得等の行為

⑧ 誤認惹起行為

⑨ 信用毀損行為

⑩ 代理人等の商標冒用行為

第6章 ◆ 営業秘密・知的財産権侵害へのリスクと対策　　241

をしたり、コピーを制限したりする技術です。これらの技術を回避する装置やプログラムを譲渡・提供する行為が該当します。

⑦　ドメイン名の不正取得等の行為

不正な利益を得る目的で、他人の商品・営業に使う表示と同一または類似のドメイン名を登録する行為や、それを保有、使用するなどの行為です。

⑧　誤認惹起行為

商品やサービスの内容・品質・原産地などについて誤認させる表示をする行為や、その表示をした商品を譲渡などをする行為です。

⑨　信用毀損行為

競争関係にある他人の営業上の信用を毀損する虚偽の事実を知らせたり、広めたりする行為です。

⑩　代理人等の商標冒用行為

外国（パリ条約の同盟国など）において商標権者の承諾を得ずに、その代理人が正当な理由なく商標を使用などをする行為です。

■■ 国際約束に基づく禁止行為

上記の他にも、条約に基づいて禁止されている行為があります。これは事業者間での秩序維持とは別に、国際約束の的確な実施を確保するために定められたものです。不正競争防止法の第2の目的ともいえます。国際約束に基づく禁止行為の類型は以下のとおりです。

①　外国の国旗等の商業上の使用禁止

外国の国旗や紋章など、外国政府などの印章や記号を、商標として使用することが禁止されています。また、外国紋章を原産地を誤認させるような方法で使用することも禁止されています。

②　国際機関の標章の使用禁止

国際機関の標章について、当該国際機関と関係があると誤認させるような方法で、商標として使用することは禁止されています。

3 不正競争防止法で保護される営業秘密について知っておこう

秘密管理性、有用性、非公知性が認められた情報を指す

■■ 営業秘密とは

　会社の秘密を不正な手段で取得する行為や、取得した会社の秘密（正当な方法による取得であるか否かを問いません）を不正な利益を得る目的で使用・開示する行為は、不正競争防止法に違反する可能性があります。しかし、会社の秘密と認識している情報であっても、不正競争防止法による保護の対象とならない場合があります。不正競争防止法の保護を受けるには、原則として不正競争防止法に定める要件を満たした営業秘密であると認められることが必要です。

　不正競争防止法では、営業秘密とは、「秘密として管理されている生産方法、販売方法その他の事業活動に有用な技術又は営業上の情報であって、公然と知られていないもの」（2条6項）であると定義されています。つまり、来客からも見える机の上に置かれている書類や、従業員全員が共有しているデータベースの情報のように、「秘密として管理」されていないものは営業秘密には該当しません。また、秘密として管理されていても、従業員の勤務評定などの情報は「事業活動に有用な技術又は営業の情報」ではありませんから、やはり営業秘密には該当しないわけです。

　したがって、不正競争防止法で保護される営業秘密として扱われるには、①秘密管理性、②有用性、③非公知性、という3つの要件をすべて満たしていることが必要とされています。

① 秘密管理性：秘密として管理されていること

　その情報に合法的かつ現実に接触することができる従業員などからみて、その情報が会社にとって秘密としたい情報であることがわかる

第6章 ◆ 営業秘密・知的財産権侵害へのリスクと対策　　243

程度に、アクセス制限やマル秘表示といった秘密管理措置が実施されていることが必要です。

② 有用性：有用な技術上または営業上の情報であること

脱税情報や有害物質の垂れ流し情報などの公序良俗に反する内容の情報を、法律上の保護の範囲から除くことに主眼を置いた要件で、それ以外の情報であれば有用性が認められることが多くなります。現実に利用されていなくてもよく、失敗した実験データというようなネガティブな情報にも有用性が認められる可能性があります。

③ 非公知性：公然と知られていないこと

合理的な努力の範囲内で入手可能な刊行物には記載されていないなど、保有者の管理下以外では一般に入手できないことが必要です。なお、公知情報の組合せであってもその組合せの容易性や費用から、非公知性が認められる可能性があります。

また、令和6年施行の不正競争防止法改正により、以上のうち①の秘密管理性の要件を満たす情報であれば、②③の要件を満たさず営業秘密に該当しないとしても、限定提供データ（241ページ）に該当して不正競争防止法の保護を受けられる可能性があります。

■■■ どの程度、秘密として管理されている必要があるのか

秘密管理性の要件は、従来、①情報にアクセスできる者が制限されていること（アクセス制限）、②情報にアクセスした者に当該情報が営業秘密であることが認識できるようにされていること（認識可能性）の2つが判断の要素になると説明されてきました。

しかし、①②は秘密管理性の有無を判断する重要な判断要素ではありますが、別個独立したものではなく、「アクセス制限」は「認識可能性」を担保する一つの手段と考えられます。したがって、①の認識可能性を満たす場合に、十分なアクセス制限がないことを根拠に秘密管理性が否定されることはありません。もっとも、従業員などが、ある情

報を秘密情報であると認識していれば、その秘密情報を保有する企業による秘密管理措置が全く必要ないということではありません。条文上「秘密として管理されている」と規定されていることを踏まえると、全く秘密管理措置がなされていない場合は秘密管理性の要件を満たさず、その秘密情報は営業秘密に該当しないと考えられます。

なお、「アクセス制限」は、権限のない者が情報にアクセスできない措置を講じることという意味で使用されることが多いですが、秘密管理措置においては「秘密であるとの表示」「秘密保持契約などによる対象の特定」なども含めた広い意味で考えることとされています。

■■営業秘密を侵害する「不正競争」が行われた場合

不正競争防止法は、営業秘密を侵害する「不正競争」がなされた場合、営業秘密の保有者に対し、民事訴訟手続を経て「差止請求」「損害賠償請求」「信用回復措置請求」を行うことを認めています。

■ 営業秘密と認められるための要件 ……………………………

営業秘密

① 秘密管理性
・情報にアクセスできる者が制限されていること
・情報にアクセスした者にそれが営業秘密であることが認識できること

② 有用性
・事業活動において重要な影響のある情報であること

③ 非公知性
・公に知られていない情報であること

第6章 ◆ 営業秘密・知的財産権侵害へのリスクと対策　　245

ある情報について秘密管理性を満たしていると認められる場合とはどのような場合をいうのでしょうか。

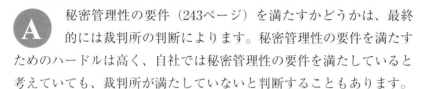 秘密管理性の要件（243ページ）を満たすかどうかは、最終的には裁判所の判断によります。秘密管理性の要件を満たすためのハードルは高く、自社では秘密管理性の要件を満たしていると考えていても、裁判所が満たしていないと判断することもあります。

不正競争防止法の保護を受けるために必要な最低限の水準の対策を示すものとして、経済産業省が公表する「営業秘密管理指針」があります。その中では、営業秘密を保有する企業の秘密管理意思（特定の情報を秘密として管理しようとする意思）が、秘密管理措置によって従業員等に対して明確に示されること、そして、その秘密管理意思に対する従業員等の認識可能性（情報にアクセスした者が秘密であると認識できること）が確保される必要があることが示されています。

つまり、情報に接することができる従業員等にとって「秘密だとわかる程度の措置」が必要です。「秘密だとわかる程度の措置」の具体例として、紙・電子記録媒体への「マル秘」表示、アクセス制限の設定、秘密保持契約などによる対象の特定などがあります。ただし、これらは例示であって、認識可能性が確保されることが重要です。

営業秘密が肯定された事例として、家電量販大手の元幹部社員が、退職し同業他社へ転職する際、リフォーム事業に属する機密情報を不正に持ち出し、転職先に不正開示した事案があります。この事案では、秘密管理性を満たす根拠として、情報管理に関する規定の整備（就業規則等の定め、情報管理に関する運用）や、データへのアクセス制限がなされていることや、情報の内容や性質として、社内向け資料として作成され、内部で保存され社外への開示は当然許されていないと認識しうるものであることが認定されました。その上で、リフォーム事業に属する機密情報が営業秘密であると認められました。

その他には、投資用マンション販売業を行う会社の従業員が、退職して独立起業する際、顧客情報（氏名・年齢・勤務先・年収・所有物件・賃貸状況などで構成）を持ち出し、その情報に記載された顧客に対して転職元企業の信用を毀損する虚偽の情報を連絡した事案もあります。この事案では、秘密管理性を満たす根拠として、顧客情報は入室が制限された施錠付きの部屋で保管されていたことや、その利用は営業本部の従業員などに限定されていたことが認定されました。その上で、顧客情報が営業秘密であると認められました。

　なお、顧客情報を営業のために自宅に持ち帰られたりしていた事情があっても、秘密であることの認識を失わせるものではないとされています。また、この事案のような個人情報保護法で保護される個人情報は、個人情報保護法で漏えい対策を含む安全管理義務が会社に対して義務付けられており、それが従業員などにとっても明らかで、一般の情報との区別も外見上明確といえるため、その他の情報に比べて、秘密管理性が認められる可能性が高いと考えられます。

■ 秘密情報における「秘密管理性」

不正競争防止法上の秘密情報 ⇒「秘密管理性」が認められることが必要

【秘密管理性の法的保護の基準】
営業秘密保有企業の「秘密管理意思」が、秘密管理措置によって従業員等に明確に示され、秘密管理意思に対する従業員等の「認識可能性」が確保されることが必要

- 秘密管理意思：特定の情報を秘密として管理しようとする意思
- 認識可能性：情報にアクセスした者が秘密であると認識できること

情報に接することが可能な従業員等にとって「秘密だとわかる程度の措置」が必要

- 秘密だとわかる程度の措置の例
  ・紙、電子記録媒体への「マル秘」表示
  ・アクセス制限　・秘密保持契約等による対象の特定

不正競争防止法上の営業秘密と認められるための「有用性」とは、客観的にどのような情報のことを指すのでしょうか。

営業秘密の要件の一つとして挙げられているのが有用性です。不正競争防止法の保護を受けるためには、その秘密が第三者から見て「事業活動において重要な影響のある情報であるか」、つまり有用であるかが問題になります。会社はあらゆる情報に対して、営業秘密としての保護を望むでしょうが、本当に保護の必要な情報に法的規制を限定する趣旨です。つまり、自社から見れば有用なものでも、第三者から見て有用とはいえない場合には、不正競争防止法上の営業秘密としての法的保護は受けられないということです。

どのような情報が客観的に見て有用かという点については、明確な基準があるわけではありませんが、その対象となる情報の範囲は比較的広いといえるでしょう。たとえば、次のような情報は、事業活動への直接的なプラスの効果をもたらさないものもありますが、間接的なプラスの効果が期待できるため有用性が認められます。

・現に事業活動に直接使用されている自社に有利な情報
・それを使用することによってコスト削減や経営効率が改善するなどの間接的な効果が得られる情報
・その情報を使うと損をするというような失敗の情報（例：研究開発費用を節約することが可能な過去に失敗した研究データ等のいわゆるネガティブ・インフォーメーション）
・現在は役に立たなくても将来役に立つ可能性のある情報

●**有用性が認められる場合と認められない場合がある**

情報の中には「利益を得る」という面においては効果があると考えられるが、法的保護の対象とはならないものもあります。それは、公序良俗や社会正義に反するなど、秘密として法律上保護されることに

正当な利益が乏しい内容の情報です。たとえば、違法な品物（覚せい剤・偽ブランド品など）の仕入れ・販売ルートの情報、わいせつな書籍・DVDなどを売買する際の顧客情報、振込め詐欺の方法を記載したマニュアル、脱税のノウハウなどが該当します。これらの情報を使用すれば、多額の利益を得られる可能性があるとともに、「見つかると逮捕される」「他人においしい情報を渡したくない」などの理由から厳重な管理下に置かれているはずですから、営業秘密の要件を満たしているように見えるかもしれません。

　しかし、有用性の要件における事業活動は、あくまで正当な利益を目的として行われているものです。公序良俗に反する情報が漏えいされたため、その情報の所持者が損害を被ることになったとしても、その情報による利益自体が不正に得られるものですから、その情報は保護すべき対象とはいえません。したがって、その情報の有用性も否定されます。有用性の要件は、公序良俗に反する情報などを営業秘密の範囲から除外し、広い意味で商業的価値が認められる情報を保護することに主眼があるのです。

■ 秘密情報における「有用性」

不正競争防止法上の秘密情報　⇒「有用性」が認められることが必要

【有用性の基準】
　第三者から見て「事業活動に重要な影響のある情報」といえるか

- 現に事業活動に直接使用されている自社に有利な情報
- それを使用することによってコスト削減や経営効率が改善するなどの間接的な効果が得られる情報
- その情報を使うと損をする、役に立たないというような失敗の情報
- 現在は役に立たなくても将来役に立つ可能性のある情報

第6章 ◆ 営業秘密・知的財産権侵害へのリスクと対策　249

ある情報について非公知性があると認められる場合とは具体的にどのような場合をいうのでしょうか。

非公知性とは、「公然と知られていない」または「容易に知ることができない」ことを意味します。一般的な「公」の範囲は「私」以外のもの、つまり一人でも他人が知れば「公」とする場合から、全国民が知っているような場合までさまざまです。しかし、非公知性における「公」とは、新聞・雑誌・専門情報誌などの刊行物や、インターネット上のホームページ、一定の条件を満たせば利用できるデータベースなど、合理的な努力の範囲で入手可能なものを指します。

そこで、不特定多数の人が、正当な所持者の管理する以外のところから、合理的な努力の範囲で情報を得ることができる状況にあった場合に、「公然と知られている」、つまり非公知性が認められないと考えられています。ある情報について、事業者が営業秘密としての保護を望んでいても、それが公然と知られている情報については、秘密として保護する意義が小さいということです。

非公知性は、秘密としてきちんと管理されていれば、保持されるはずのものです。たとえば、社内の従業員100人にある情報を伝えたとしても、それが秘密情報であることを伝え、漏えいしないよう誓約書を交わすなど、きちんとした秘密管理性が確保されていれば、社外に漏れることはなく、非公知性は確保されます。しかし、100人のうちの1人が秘密情報であるとの認識を持っておらず、自身のSNS上に秘密情報を公開したとします。

この場合、SNSにアクセスすれば誰でも見られる状態ですから、その情報の非公知性は失われます（個人情報漏えいなどの法的問題は別途生じます）。つまり、従業員が、その秘密情報について守秘義務を負っていたか否かではなく、実際に不特定多数の人が知り得る状態であるか否かが、非公知性の有無の重要な判断基準になります。

営業秘密は、さまざまな知見を組み合わせて、一つの情報を構成していることが通常です。ある情報の断片がさまざまな刊行物に掲載されていて、その断片を集めてきた場合、営業秘密となる情報に近い情報が再構成されるからといって、そのことをもってただちに非公知性が否定されるわけではありません。その断片に反する情報なども複数ありえるわけで、どの情報をどう組み合わせるかといったこと自体に価値がある場合は、営業秘密となる可能性があるからです。

　営業秘密と認められるための要件は「秘密管理性」「有用性」「非公知性」の３つですが、秘密管理性が確保されていれば、同時に非公知性も確保できる可能性が高い内容のものといえます。会社の秘密情報が不正競争防止法の保護を受けるためには、「その情報をどのように管理するか」ということが非常に重要です。

■ 秘密情報における「非公知性」……………………………………………

不正競争防止法上の秘密情報 ⇒「非公知性」が認められることが重要

【非公知性の判断基準】
　従業員などが情報について守秘義務を負っていたか否かが重要なのではなく、実際に不特定多数の者がその情報を知り得る状態にあったか否か

☆秘密管理性が確保されていれば非公知性は同時に確保できる可能性が高い
☆「非公知性」の要件の趣旨 ⇒
　すでに公に知られている情報は、秘密として保護する意義が小さい

社内の100人が
営業秘密を
知っている場合

秘密情報であることが伝えられ、漏えいしないように誓約書などが交わされている
⇒ 非公知性が確保されている

仮に１人でも秘密情報であるという認識を持たずに SNS 上にその情報を公開した
⇒ 非公知性が失われている

第6章 ◆ 営業秘密・知的財産権侵害へのリスクと対策　　251

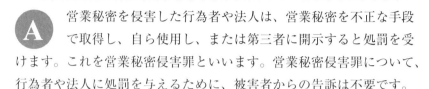

Q 営業秘密を漏えいした場合に刑事責任が問われることもあるのでしょうか。退職者も対象に含まれるのでしょうか。

A 営業秘密を侵害した行為者や法人は、営業秘密を不正な手段で取得し、自ら使用し、または第三者に開示すると処罰を受けます。これを営業秘密侵害罪といいます。営業秘密侵害罪について、行為者や法人に処罰を与えるために、被害者からの告訴は不要です。

営業秘密侵害罪については、行為者が10年以下の拘禁刑（令和7年5月までは懲役刑）または2,000万円以下の罰金刑（両者の併科もあります）に処せられます。営業秘密侵害罪については、転得者による使用または開示も処罰対象となります。具体的には、ある者（1次取得者）が取得した営業秘密が転々と流通した場合、不正開示者（1次取得者）と開示を受けた者（2次取得者）だけでなく、2次取得者から開示を受けた者（3次取得者）以降の者による不正使用行為や不正開示行為も処罰の対象になります。また、法人の業務に関して営業秘密侵害罪が行われた場合、行為者が処罰されるだけでなく、法人も5億円以下の罰金刑に処せられます。なお、営業秘密侵害罪は、営業秘密の侵害行為が未遂に終わっても処罰対象となります。

● 退職者への処罰と国外犯への処罰

退職者への処罰については、営業秘密を保有者から示された退職者が、在職中に、本来の目的に反して営業秘密の開示を申し込んだ場合や、営業秘密の使用または開示について依頼を受け、退職後に使用または開示した場合に、処罰対象となります。

国外犯への処罰については、日本国内において事業を行う保有者の営業秘密（日本国外のサーバーなどで管理されている営業秘密も含みます）が、日本国外において不正使用行為・不正開示行為が行われた場合に、日本国内において不正使用行為・不正開示行為が行われた場合と同様に処罰対象となります。

4 権利侵害と法的手段について知っておこう

民事上・刑事上の手続をとる

■■ 民事上と刑事上の対抗手段がある

許諾なく他人が知的財産権を使用した場合、いくつかの手段によって対処することができます。まず内容証明郵便などにより穏当に使用の差止めなどを求め、それでも侵害行為が続くようなら、訴訟を提起するなどの法的措置をとりましょう。

民事上の手続としては、差止請求、損害賠償請求、不当利得返還請求、謝罪広告などの信用回復措置の請求ができます。

■■ 差止請求

特許権や商標権など自分が権利を取得している知的財産権が侵害された場合には、侵害している者に対して、侵害行為を止めるよう差止請求ができます。

権利侵害となる行為については、たとえば商標権の場合、すでに登録されている商標と類似する商標を用いる行為や、すでに登録されている商標を表示する製品を製造するための機械を入手する行為などが、商標権の侵害行為とみなされます。

■■ 損害賠償請求

特許権者に無断で特許発明を実施した製品を製造・販売されることにより、特許権者の売上が減少したり、信用を失うこともあります。

そのため、知的財産権を侵害された者は、侵害している者に対して損害賠償請求をすることができます。

また、著作権の侵害についても次の①〜③の要件を満たすケースで

第6章 ◆ 営業秘密・知的財産権侵害へのリスクと対策 **253**

あれば、損害賠償請求をすることができます。

① 著作権侵害がなされたこと（違法な行為があったこと）

② 実際に著作権者に損害が生じていること

③ 損害と著作権を侵害する行為との間に因果関係があること

　損害賠償請求をするためには、侵害している者に過失があることが必要です。しかし、特許権の場合、特許権者から侵害者に対する損害賠償請求を容易にするため、特許権を侵害する行為がなされていれば過失があるものと推定されます（特許法103条）。

　また、特許権者による損害が生じていることの立証を容易にするため、侵害者が侵害行為によって得た利益の額を特許権者の損害額と推定することや、もし侵害者が侵害行為によって利益を得ていなかったとしても特許権のライセンス料相当額を特許権者が損害賠償として請求できることなどが規定されています（特許法102条）。

　なお、意匠権や商標権の侵害についても、特許法と同様の規定が置かれています（意匠法39条・40条、商標法38条・39条）。

■■ 不当利得返還請求

　特許権の例を挙げると、特許権者に無断で特許を取得した発明を実施した製品を製造・販売されると、侵害者は不当な利益を得ることになります。そのため、特許権を侵害された者は、民法で規定されている不当利得返還請求権を行使して、特許権を侵害している者に対して金銭の支払いを請求できることがあります。

■■ 信用回復措置請求

　知的財産権の侵害者の製品販売などによって、権利者の業務上の信用が害されたような場合には、権利者は裁判所に対してその信用を回復するための措置を請求することができます。具体的には、侵害者による新聞や業界紙への謝罪広告の掲載などがあります。たとえば、特

254

許権であれば、侵害者の粗悪品によって、特許権者の業務上の信頼が害されたケースと評価されれば、謝罪広告の掲載などの措置を求めることができます。

刑事罰

　知的財産権を侵害した者には刑事罰も科されます。たとえば、特許法は、特許権侵害に対し、10年以下の拘禁刑（従来の懲役に相当）または1,000万円以下（法人は3億円以下）の罰金などの重い刑事罰も規定しています。刑事罰ですから、特許権者が直接刑事罰を科すことはできませんが、刑事告発・告訴を行って処罰を求めることが考えられます。

　特に特許権侵害は親告罪（権利者が告訴をしないと処罰できない犯罪）ではありませんが、著作権侵害については、一部を除き親告罪となっています。また、著作権を侵害した者に対しては、10年以下の拘禁刑または1,000万円以下（法人は3億円以下）の罰金が科される場合もあります。

■ 知的侵害権の侵害に対する法的手段

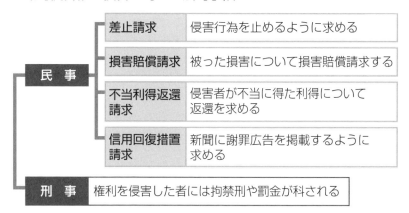

第6章 ◆ 営業秘密・知的財産権侵害へのリスクと対策

【監修者紹介】
木島　康雄（きじま　やすお）

1964年生まれ。京都大学法学部卒業。専修大学大学院修了。予備試験を経て司法試験合格。弁護士（第二東京弁護士会）、作家。過去40冊以上の実用書の公刊、日本経済新聞全国版でのコラム連載と取材の他、多数の雑誌等での掲載歴あり。現在、旬刊雑誌「税と経営」にて、400回を超える連載を継続中。作家としては、ファンタジー小説「クラムの物語」（市田印刷出版）を公刊。平成25年、ラブコメディー「恋する好色選挙法」（日本文学館）で「いますぐしよう！作家宣言２」大賞受賞。平成30年７月には「同級生はＡＶ女優」（文芸社）、令和４年４月には「認知症尊厳死」（つむぎ書房）、同年10月には「真、桶狭間」（文芸社）を発表。
弁護士実務としては、相続、遺言、交通事故、入国管理、債権回収、債務整理、刑事事件等、幅広く手がけている。
主な監修書として、『図解で早わかり 改訂新版 刑法のしくみ』『図解で早わかり 行政法のしくみ』『小さな事業者【個人事業主・小規模企業】のための法律と税金 実務マニュアル』『図解とＱ＆Ａでわかる 建築基準法・消防法の法律知識』『入門図解 これだけは知っておきたい！建築基準法のしくみ』（小社刊）などがある。

木島法律事務所
〒134-0088　東京都江戸川区西葛西６丁目12番７号　ミル・メゾン301
TEL：03-6808-7738　FAX：03-6808-7783

事業者必携
知っておきたい！
最新　法務リスクとトラブル予防の法律知識

2025年４月20日　第１刷発行

監修者	木島康雄
発行者	前田俊秀
発行所	株式会社三修社
	〒150-0001　東京都渋谷区神宮前2-2-22
	TEL　03-3405-4511　FAX　03-3405-4522
	振替　00190-9-72758
	https://www.sanshusha.co.jp
印刷所	萩原印刷株式会社
製本所	牧製本印刷株式会社

©2025 Y. Kijima Printed in Japan
ISBN978-4-384-04961-9 C2032

JCOPY 〈出版者著作権管理機構 委託出版物〉
本書の無断複製は著作権法上での例外を除き禁じられています。複製される場合は、そのつど事前に、出版者著作権管理機構（電話 03-5244-5088　FAX 03-5244-5089　e-mail: info@jcopy.or.jp）の許諾を得てください。